Bank Enterprise Association,
Financial Flexibility and Enterprise Growth

银企关联、财务弹性与企业成长

张改清 / 著

中国经济出版社
CHINA ECONOMIC PUBLISHING HOUSE
北京

图书在版编目（CIP）数据

银企关联、财务弹性与企业成长／张改清著.
北京：中国经济出版社，2018.6
ISBN 978-7-5136-5089-2

Ⅰ.①银… Ⅱ.①张… Ⅲ.①企业管理—资金管理—研究—中国 ②企业管理—财务管理—研究—中国 Ⅳ.①F279.23

中国版本图书馆 CIP 数据核字（2018）第 031488 号

责任编辑　张利影
责任印制　巢新强
封面设计　华子

出版发行　中国经济出版社
印 刷 者　北京九州迅驰传媒文化有限公司
经 销 者　各地新华书店
开　　本　710mm×1000mm　1/16
印　　张　13.25
字　　数　190 千字
版　　次　2018 年 6 月第 1 版
印　　次　2018 年 6 月第 1 次
定　　价　48.00 元
广告经营许可证　京西工商广字第 8179 号

中国经济出版社 **网址** www.economyph.com **社址** 北京市西城区百万庄北街 3 号 **邮编** 100037

本版图书如存在印装质量问题，请与本社发行中心联系调换（联系电话：010-68330607）

前　言

企业成长的历程表明，资金是企业运营中不可或缺的要素，是企业的命脉。近年来，在我国信贷紧缩的宏观政策调控下，企业“倒闭”、老板“跑路”、债务人“跳楼”事件频发，充分证实了资金储备对企业生存和发展的重要性。同时，随着经济全球化进程的加快和科学技术的迅猛发展，企业所面临的外部环境具有较大的不确定性。如何在不确定的外部环境中，筹集到足够的资金以满足企业生存和发展的需要，已成为中国企业亟待解决的问题，越来越多的学者开始关注并投身财务弹性理论与实践运用问题的研究。本书以财务弹性为核心，对其影响因素和经济后果进行了探究。

合理的财务弹性储备策略，有助于企业保持资金的持续性，可以满足企业成长的需要。但在现实生活中，不同类型的企业主体在不同时期的财务弹性水平差异较大，那么企业的财务弹性储备水平会受到哪些因素的影响呢？已有文献主要从企业的外部环境，如宏观经济环境、环境不确定性等，以及内部特征，如企业特征、公司治理等方面来研究财务弹性的影响因素。但学者们忽略了连接企业内外部环境的一些关系因素，如政企关系、银企关系、商业信用等对财务弹性的影响。本书从社会资本视角，探究了银企关联对财务弹性的影响效应。银企关联是企业在与银行开展业务的过程中形成、发展起来的一种比较重要的社会资本。现有的研究已经表明，良好的银企关系可以加深银行对企业资产质量、盈利状况等财务信息的了解，缓解银行与企业之间的信息不对称，降低交易成本，从而方便企业从银行获取资金。当前，在我国经济转型时期，资本市场发展不完善，相关法律制度不健全，大多数企业特别是民营企业面临严重的融资约束和信贷歧视。为了规避正式制度下的融资约束，企业需要与银行建立起必要的稳定联系，如企业高管的银行背景关联，以弥补市场机制的缺陷和不足，帮助企业获取稀缺的财务资源。银行关联企业具备更强的外部融资能力，未来筹资风险较低，企业权衡资金储备成本和筹资风险，会依据银企关联关系对财务弹性储备水平做出合理地调整。

关于财务弹性的经济后果，学者们主要从融资、投资和企业业绩等角度展开研究，认为在受到不利冲击或面对良好投资机会时，财务弹性越高的企业，受到的融资约束越小，其投资水平越高，企业业绩也相对更好。具体涉及投资领域的相关文献，更多的是将企业整体投资作为研究对象，从投资的共性验证财务弹性的经济作用，而少有学者考虑不同投资活动的异质性，就财务弹性对具体投资活动的经济效应进行探究。根据企业成长理论，企业实现成长的途径可分为内涵式和外延式两种方式，研发投资属于企业的内涵式成长方式，主要依靠技术进步、自主创新获得内部可持续发展；而并购投资则属于企业的外延式成长方式，主要通过兼并收购方式来实现企业的对外战略扩张。在不完美的资本市场中，企业无论是通过内涵式路径还是外延式路径来获得成长，都会受到融资约束问题的困扰。合理的财务弹性储备策略，有助于企业保持资金的持续性，能够满足研发创新和并购活动的投资需求，从而使企业实现持续、快速、健康的发展。本书基于企业实现成长的内外两种路径，从内部成长方式——研发创新和外部成长方式——并购投资两方面，探究了财务弹性对企业成长的影响效应，并将银企关联和财务弹性纳入同一框架，进一步验证了银企关联对二者关系的调节作用，从而加深了对财务弹性经济后果的认识，也丰富了社会资本和企业成长理论的相关内容。

本书采用规范分析和实证分析相结合的论证方法，首先，对关于银企关联、财务弹性和企业成长的历史文献和相关理论进行梳理和总结；其次，以2007—2015年我国沪深上市公司为研究对象，利用Excel 2013和

STATA12.0 等软件先后进行描述性统计、相关性分析及多元回归检验，最后得出结论并提出建议，全书共分为七章，主要内容概括如下：

第 1 章，绪论。主要阐述本书的研究背景、理论及现实意义，归纳并指出本书的研究思路和主要内容，说明所采用的研究方法及预期可能实现的创新点。

第 2 章，文献综述。围绕财务弹性、银企关联、研发投资和企业并购几个主题进行相关文献的回顾和评述。关于财务弹性，主要从财务弹性的影响因素、储备方式及经济后果等方面进行梳理与总结；关于银企关联，主要对银企关联在缓减融资约束和影响资金储备决策方面的相关文献进行简要的总结和回顾；关于研发创新，主要针对影响企业研发投资的融资因素，从融资来源和融资约束两个角度对相关的国内外文献进行梳理；关于企业并购，涉及并购决策和并购支付方式两个方面，主要从融资来源角度进行了较全面的总结和回顾。本部分的文献综述，为后续的实证研究奠定了文献基础。

第 3 章，理论基础及制度背景。本章主要分为基本概念界定、制度背景分析和理论基础三部分内容。首先，对本书涉及的几个基本概念进行辨析和界定；其次，就研究主题的背景和现状进行分析，包括上市企业财务弹性储备现状、企业内部成长现状和企业外部成长现状以及银企关系的制度背景；最后，对相关基础理论进行剖析，由此奠定了本书的理论基础。

第 4 章，银企关联对财务弹性的影响研究。属于实证研究的第一部分。首先，从银企关联视角来探究财务弹性的影响因素；其次，结合我国特殊的产权制度背景，对银企关联和财务弹性二者的关系进行深入研究，进一步区分融资约束和未来投资机会进行分样本研究。

第 5 章，银企关联和财务弹性对研发投资的影响研究。属于实证研究的第二部分。首先，基于融资约束理论，检验财务弹性对研发投资的影响；其次，将银企关联和财务弹性纳入同一框架，探讨在不同银企关系下财务弹性对研发投资的影响，并就财务弹性和研发投资二者的关系，区分产权性质、环境不确定性，以及不同货币政策进行分样本研究。

第6章，银企关联和财务弹性对并购活动的影响研究。属于实证研究的第三部分。本章分为两部分内容，从并购决策和并购支付方式两个角度分别进行研究。对于并购决策，首先研究财务弹性对并购动机和并购频次的影响；其次将银企关联和财务弹性纳入同一框架，探讨不同银企关系下财务弹性对并购决策的影响，并就财务弹性和并购决策二者的关系，区分产权性质、环境不确定性及不同货币政策，进行分样本研究。对于并购支付方式，首先分析财务弹性对并购支付方式的影响，进一步区分不同产权性质，进行分样本研究；其次将银企关联和财务弹性纳入同一框架，探讨不同银企关系下财务弹性对并购支付方式的影响。

第7章，结论与建议。总结本书的主要结论，从企业、政府和金融机构的角度，提出政策建议，从样本筛选、代理变量选择、克服内生性等方面指出本书的局限性，并结合本书的研究内容和局限提出未来的研究方向。

本书将银企关联、财务弹性与企业成长纳入同一框架进行研究，得出的主要研究结论包括以下几点：

第一，在银企关联对财务弹性的影响研究中，以高管银行背景衡量企业与银行之间是否存在关联，实证检验发现，银企关联关系与企业的财务弹性水平呈负向关系，即当企业与银行之间存在关联关系时，其财务弹性储备水平较低；而当企业与银行之间无关联关系时，其财务弹性储备水平则较高。结合我国特殊的产权制度背景，研究发现，相较国有企业而言，非国有企业的银企关联对财务弹性的负向作用更显著。区分外部融资约束和未来投资机会进一步研究发现，当上市企业面临较严重的融资约束和较好的投资机会时，银企关联对财务弹性储备水平的负向作用更显著。上述研究结论说明，银企关联是影响企业财务弹性水平的一个重要因素，企业的财务弹性储备决策会依据与银行之间的关联关系进行相机抉择，当企业与银行之间存在关联关系时，企业会选择储备较低的财务弹性水平；反之，则会选择储备较高的财务弹性水平，同时，这种影响效应会因产权性质、外部融资环境以及未来投资机会的不同而有显著差异。该发现拓宽了财务弹性影响因素的研究视角，也为企业社会资本影响财务决策提供了新的经验证据。

第二，在银企关联和财务弹性对企业内部成长方式——研发投资活动的影响研究中，从研发投资意愿和投资力度两个维度分别衡量上市企业的研发创新意识和实际投入水平，研究发现，财务弹性水平越高的企业，其研发投资意愿越强，投资力度也越大。结合银企关联，进一步研究发现，当企业与银行之间存在关联关系时，财务弹性对研发投资的正向作用减弱。上述发现说明财务弹性储备水平会直接影响企业的研发创新活动，较高的财务弹性水平有利于缓减研发融资约束。同时，银企关联降低了研发投资对财务弹性的依赖程度，企业在进行研发资金重构时，银企关联和财务弹性储备水平之间存在一种替代作用，当企业与银行之间存在关联关系时，企业更多地借助银行资源来筹集所需资金；而当企业与银行之间无关联关系时，企业则主要通过储备较高的财务弹性水平来获得资金重构，该发现为理解银企关联和财务弹性对研发投资的作用机理提供了新的经验证据。此外，我们对财务弹性与研发投资的关系，区分产权性质、环境不确定性及不同货币政策，进行分样本检验，发现非国有企业的财务弹性对研发投资的正向作用更显著；外部环境不确定性越大或宏观货币政策趋于紧缩时，财务弹性对研发投资的正向作用越明显。这体现了财务弹性发挥创新效应的产权特性和经济环境特性。

第三，在银企关联和财务弹性对企业外部成长方式——并购活动的影响研究中，从并购决策和支付方式两个角度实证检验，结果发现财务弹性水平越高的企业，实施并购的动机越强，并购的频次更高，并购时越倾向于采用现金支付方式。结合银企关联，进一步研究发现，当企业与银行之间存在关联关系时，上述关系减弱。这说明财务弹性储备水平会直接影响企业的并购投资活动，较高的财务弹性水平有利于缓解并购融资约束。同时，银企关联可以降低并购投资对财务弹性的依赖程度，企业在进行并购资金重构时，银企关联和财务弹性储备水平之间存在一种替代作用，当企业与银行之间存在关联关系时，企业更多地借助银行资源来筹集所需资金；而当企业与银行之间无关联关系时，企业则主要通过储备较高的财务弹性水平来获得资金重构，该发现为理解银企关联和财务弹性对并购投资的作用机理提供了新的经验证据。此外，我们对财务弹性与并购投资的关系，区分产权性质、环境不确定及不同货币政策，进行分样本检验，发现非国有企业的财务弹性对并购投资决策及支付方式的正向作用更显著；外部环境不确定性越大或宏观货币政策趋紧时，财务弹性对并购决策的正向作用越明显。

总之，当前在我国经济转轨时期，资本市场发展不完善，相关法律法规不健全，企业的成长不可避免地受到资金约束的影响，合理的财务弹性储备，能够有效地缓减企业内外成长过程中的融资“瓶颈”，但财务弹性具有双面性，过高的财务弹性水平又会增加企业的资金储备成本。银企关联作为企业的一种社会资本，可以弥补市场机制的缺陷和不足，有助于企业获取稀缺的财务资源。因此，企业在进行筹资决策时，要权衡筹资风险和资金储备成本，将财务弹性与银企关联进行有机结合，财务弹性储备决策要依据银企关联关系进行相机抉择，从而及时有效地获得资金重构，使企业实现健康、快速、持续的发展。

本书将非正式制度下的银企关联与企业的财务弹性储备决策进行有机结合，来探究对企业成长的影响，创新点主要有以下几个方面：

首先，基于企业社会资本视角，验证银企关联对财务弹性水平的影响。

关于财务弹性的影响因素，现有学者重点关注企业的外部环境和内部特征两方面，如外部环境不确定性、内部现金流、未来投资机会、生命周期及前期投资比例等。但企业在衔接内部与外部环境时，也会影响资金的筹集和调度能力。因此，连接企业内外部环境的一些关系因素如政企关系、银企关系、商业信用等，也会影响企业的财务弹性，但鲜有文献从企业社会资本角度来探讨这些关系因素对财务弹性的影响。本书采用大样本实证分析方法，基于社会资本视角研究银企关联对财务弹性的影响效应；同时，结合我国特殊的产权制度背景，进一步验证不同产权性质下银企关联对财务弹性的影响差异，为财务弹性影响因素的相关研究提供了新的视角。

其次，从财务弹性视角，检验银企关联对企业资金储备决策的影响。

银企关联作为企业社会资本的一种重要形式，可以降低交易双方的信息不对称，增强企业的融资能力，减少未来筹资风险。企业的财务弹性储备决策，要权衡资金储备成本和筹资风险，依据与银行之间的关联关系进行相机抉择。已有学者关于银企关联对企业资金储备决策的影响，主要是从现金持有方面展开研究的，但未见有学者将现金决策和资本结构决策进行融合，就银企关联对企业财务弹性的影响进行相关研究。本书的实证结果为企业社会资本会影响财务决策提供了新的经验证据，从而丰富和拓展企业社会资本领域的相关研究。

最后，将银企关联和财务弹性纳入同一框架，研究对企业成长的影响效应。

研发投资作为企业的一种内涵式成长方式，对企业实现持续健康的发展具有重要的意义。关于研发投资活动，现有文献从融资约束和融资来源角度进行了大量研究。学者们认为，企业的筹资能力会显著影响研发投资活动，无论是现金持有还是负债融资都会对企业的研发投资决策产生影响。但鲜有学者将现金决策和资本结构决策进行融合，从企业财务弹性的视角，研究其对研发投资活动的影响；也未见有学者从社会资本角度，将银企关联、财务弹性和研发投资纳入同一框架进行研究。本书结合银企关联，从研发投资意愿和投资力度两个维度，分析并实证检验了财务弹性对研发投资活动的影响，为研发领域的研究提供了新的视角，进而丰富了企业内部成长理论的相关内容。

并购作为企业的一种外延式成长方式，对企业实现外部扩张、资源优化配置具有重要意义。关于并购投资活动，现有文献从融资约束和融资来源角度进行了大量研究。学者们认为，无论是现金持有还是负债融资都会对并购决策及支付方式的选择产生影响。但鲜有学者将现金决策和资本结构决策进行融合，从企业财务弹性的视角，研究其对并购活动的影响；也未见有学者将银企关联、财务弹性和企业并购纳入同一框架进行更深入的研究。本书结合银企关联，分析并实证检验了财务弹性对并购决策及并购支付方式的影响，为企业并购领域的研究提供了新的视角，进而丰富了企业外部成长理论的相关内容。

目　录

图表目录

第1章　绪　论

1.1　研究背景

企业成长的历程表明，资金是企业运营中不可或缺的要素，是企业的命脉。一旦资金链断裂，企业将无法继续经营，甚至陷于破产倒闭的境地。近年来，在我国信贷紧缩的宏观政策调控下，企业“倒闭”、老板“跑路”、债务人“跳楼”事件频发，一个重要的原因就是企业的资金链断裂。例如，浙江信泰集团，其生产的“海豚”牌眼镜，在当时的温州眼镜行业享有盛名，企业领导人也曾立志做中国民营百强企业。但由于经营不善，该企业在拖欠巨额高利贷和银行贷款的情况下，资金链发生断裂，最终不得不进行重组。

又如，浙江台州最大的船舶出口企业——金港船业有限公司，金融危机前，当地造船业处于高峰期，银行竞相为其提供贷款或担保。危机来临，银行收紧放贷，企业的融资难度增加。作为资本密集型的金港船业有限公司，也终因资金短缺严重，于 2012 年 6 月向法院申请破产。

这些鲜活的事例充分证实了资金对一个企业的生存和发展至关重要，没有了资金，企业就会出现造血功能障碍，企业的生命就会很快枯萎，甚至死亡。因此，在企业的成长历程中，如何保持资金的连续性，做出合理的资金储备决策，是摆在每一个企业面前的难题。

企业的财务决策或有关政策的制定往往又与其所依存的外部环境有着密切的关系。自 21 世纪以来，随着社会的变迁和技术的变革，企业的外部环境具有较大的不确定性，这些不确定性主要包括：经济全球化的发展，使各国在经济上相互渗透、相互依存的状况不断加深，企业的经营活动比原来更大，竞争的程度更激烈；科学技术的迅猛发展使科技成果转化为生产和实际经济效益的时间越来越短，产品更新换代步伐加速，加剧了产品和服务需求的波动；信息和互联网络技术的广泛应用，大大加速了信息传递和世界金融贸易的运转速度；同时，市场需求的日益多样化，使企业的产品生产与销售具有更高的不确定性。我国特有的国情使企业也受到内部环境因素的影响，如国家经济政策的宏观调控、人口红利的消失、人民币升值及政策充满不连续性等。外部环境的挑战和内部因素的叠加，使我国企业面临的经营环境具有巨大的模糊性和不确定性。

动态权变理论认为，个体组织不能成为环境的被动接受者，而应主动适应环境的变化，即保持一定的弹性（Flexibility），这种弹性能够随环境变化而进行快速反应，增加企业的价值。为减少环境变化带来的冲击，企业必须要随市场环境变化建立起动态的弹性管理机制。财务决策作为企业管理的核心系统之一，必须要满足弹性管理体制的变革需要，才能使企业在竞争中获得优势，立于不败之地。传统财务管理的目标是完成各项刚性财务指标，随着外部环境变化的不断加剧，新的财务弹性管理模式应运而生。这种财务弹性能够根据客观条件的变化，进行动态调整，增强企业适应外部环境变化的能力。当前我国正处于经济转型时期，资本市场发展不完善，相关的法律制度不健全，上市企业经常被资本流动性不足和环境波动较大问题所困扰。为了在日益激烈的竞争环境中胜出，企业应该改变以往经营过程中的刚性思维，树立财务弹性理念。合理的财务弹性储备策略，有助于企业保持资金的持续性，在面对未来不确定性时能够做出有效应对，从而满足企业成长的需要。

但在现实生活中，不同类型的企业主体在不同时期，其财务弹性水平差异较大，那么企业的财务弹性储备水平会受到哪些因素的影响呢？已有学者主要从企业的外部环境和内部特征方面来研究财务弹性的影响因素。Killi 等（2011）发现，当环境不确定性较大时，企业受到的财务冲击较强烈，此时财务弹性的价值变大。我国学者刘名旭（2014）通过研究也发现企业面临外部环境的不确定性越强，越倾向于储备较高的财务弹性水平。Campello等（2010）、Byoun（2011）和Arslan（2014）等则认为，现金流、生命周期、投资机会等内部特征会影响企业的财务弹性水平。但学者们忽略了连接企业内外部环境的一些关系因素，如政企关系、银企关系、商业信用等对财务弹性的影响，这也为本书的研究提供了契机。本书从社会资本视角，以银企关联作为切入点展开研究，我们首先探究银企关联对财务弹性的影响效应。

外部制度环境是影响企业生存和发展的一个重要因素。银行作为企业外部资金的提供者，在国家金融体系中扮演重要的作用。银企关联是企业与银行开展业务的过程中形成、发展起来的一种比较重要的社会资本，可以缓解银行与企业之间的信息不对称，方便企业从银行获取资金（Diamond，1984；Fama，1985），降低企业的融资成本（Ciamarra，2012），缓解融资约束（唐建新等，2011）等。当前在我国经济转型时期，大多数企业特别是民营企业面临严重的融资约束和信贷歧视（程六兵等，2013）。为了规避正式制度下的融资约束，企业需要与银行建立必要的稳定联系，如企业高管的银行背景关联，来弥补市场机制的缺陷和不足，帮助企业获取稀缺的财务资源。我们认为，银行与企业之间的关联关系可以增强企业的融资能力，降低未来筹资风险，进而影响企业的财务弹性储备水平。

然后在此基础上进一步探究银企关联和财务弹性对企业成长的影响。关于财务弹性的经济后果，学者们主要从融资、投资和企业业绩等角度展开研究，认为在受到不利冲击时，财务弹性越高的企业，受到的融资约束越小（曾爱民等，2013），投资水平越高（Brown和Petersen，2011；顾乃康等，2011），企业业绩也更好（Marchica和Mura，2010；Arslan等，2014）。具体涉及投资领域的相关文献，更多的是将企业整体投资作为研究对象，从投资的共性验证财务弹性的经济作用，而少有学者考虑不同投资活动的异质性，就财务弹性对具体投资活动的经济效应进行探究。本书基于企业实现成长的内外两种路径，将研发创新和并购投资放入同一框架，来探究财务弹性对企业成长的影响效应。

根据企业成长理论，研发投资属于企业的内涵式成长方式，主要依靠技术进步、自主创新获得内部可持续发展；而并购则属于企业的外延式成长方式，主要通过兼并收购方式来实现企业的对外战略扩张。

自熊彼特提出创新理论后，大量学者强调了创新能力对企业成长的重要性。创新活动是企业提升竞争力，国家增强综合国力，经济实现可持续增长的重要动力。党的十八大报告明确强调了科技创新在国家发展中的核心地位。作为科技创新重要环节的研发投资，是企业重要的内部投资形式，具有一般投资的共性，也存在一定的异质性。研发投资属于无形资产投资，与实物投资相比，调整成本更高（Cooper 和 Haltiwanger，2006），而且具有长期持续稳定的特性（Brown 和 Petersen，2011）。如果企业没有储备足够的资金，可能会使研发项目最终以失败而告终。Arrow 最早研究了创新与资金的关系，认为信息不对称使企业受到融资约束，并阻碍企业从事创新类活动。我国学者温军等（2011）也指出中国企业创新投入偏低的一个重要原因是融资约束。当前我国经济转轨过程中，融资约束对研发投资有更明显的抑制作用（谢家智、刘思亚和李后建，2014）。

近年来，经济全球化进程不断加快，企业依靠自身内部资源的积累，通过渐进式的成长方式来应对激烈的市场竞争，已经不能满足现实的需要。随着我国资本市场的不断发展和相关法律制度的逐渐完善，企业间的兼并收购活动日益活跃。并购投资作为企业的一种外延式成长方式，是企业实现战略扩张、资源优化配置的重要手段。但并购交易金额巨大且具有不确定性，需要大量的资金支持。并购交易的成功会显著受到企业融资能力的影响（Acemoglu 等，2009；Menno，2011）。

综上，企业无论是通过内涵式路径还是外延式路径来获得成长，都会受到融资约束问题的困扰。面对融资约束的企业往往可以通过选择合理的财务政策，来增强未来的资金筹集及调用能力（葛家澍，2008）。财务弹性作为企业生存和发展的“蓄水池”，适时地调节补充其储备量，可以满足研发创新和并购活动的资金需求，从而使企业实现持续健康的发展。同时，银企关联作为企业重要的社会资本，可以增强企业的融资能力，进而影响财务弹性的企业成长效应。

本书将以我国沪深上市公司为研究对象，对国内外文献和理论进行梳理和总结，通过理论分析和实证检验，探讨银企关联对财务弹性的影响效应，并将二者纳入同一框架，进一步研究对企业内部成长方式——研发活动，以及外部成长方式——并购活动的影响，以期发现外部制度下的银企关联影响企业财务弹性储备水平的内在机理，以及二者有机结合下对企业内外成长方式的影响机制和实现路径。预期在理论上为财务弹性影响因素的研究提供新的视角，加深对财务弹性经济后果的认识，也能够丰富社会资本和企业成长领域的相关研究。实践上可以使企业对财务弹性有更深刻更全面的认识和理解，引导其进行科学、合理的财务弹性储备决策，也能为国家制定相应的政策提供有意义的参考和借鉴。

1.2 研究意义

1.2.1 理论意义

财务弹性作为资本结构理论的一个分支和延伸，得到国内外学者们的广泛关注。财务弹性的研究最早源于 Myers（1977）在优序融资理论中提出的财务松弛（Financial Slack）概念，认为财务松弛是企业冗余的财务资源，之后学者们在研究过程中引申出财务弹性（Financial Flexibility）概念。随着经济和科技的快速发展，内部环境和外部环境变化加剧，学者们对财务弹性问题的研究不断深入，并取得了丰富的研究成果，但在某些方面还不够完善，没有形成统一体系。特别是我国学者对财务弹性相关问题的研究仍处于探索阶段，理论和实证研究都不够深入，需要不断丰富和提高。

本书基于银企关联视角研究财务弹性对企业成长方式的影响，在理论上具有以下几个方面的意义：

第一，本书针对相关理论和文献进行梳理和总结，以中国沪深两市上市公司为样本数据，验证了银企关联对财务弹性水平的影响，在一定程度上拓宽了学者们对财务弹性影响因素的研究范围。现有文献对财务弹性影响因素的研究，主要集中于企业的外部环境和内部特征两个方面，但鲜有文献从连接企业内外部环境的一些关系因素如政企关系、银企关系、商业信用等来进行探讨。针对财务弹性如何影响企业成长，以及银企关联如何影响财务弹性的企业成长效应的研究更是鲜见。本书从社会资本视角探究银企关联对财务弹性的影响，以及其对财务弹性与企业成长之间关系的调节机制，将财务弹性研究与企业社会资本有机结合，极大地丰富了财务弹性的理论和实证研究内容，也为财务弹性影响因素的研究提供了新的视角。

第二，本书将银企关联、财务弹性与企业成长纳入同一理论框架进行研究，期望可以拓宽对财务弹性问题的认识和理解，为该领域的相关研究提供参考和借鉴经验。本书选择银企关联、财务弹性和企业成长的关系进行探讨和研究，加深了对财务弹性经济后果的认识，使企业在进行财务决策时，能够依据与银行之间的关系资本，储备合理的财务弹性水平，从而满足企业成长的资金需求。本书基于企业成长路径，从企业内部成长方式——研发创新与外部成长方式、并购投资两方面，来验证银企关联和财务弹性对企业成长的影响效应，在一定程度上拓宽了现有文献对企业投资行为的研究范围，也丰富了企业内部成长理论和外部成长理论的相关内容。

1.2.2 现实意义

从微观层面来看，当前我国正处于经济转轨时期，产业升级和技术创新给企业带来大量潜在的投资机会，同时也使企业的市场和外部环境充满不确定性。企业应适时调整财务弹性储备策略，增强对内外环境变动的应对能力，抓住有利的投资机会，实现企业价值最大化。研发和并购作为企业成长的两种重要方式，对企业实现可持续发展和战略扩张具有重要的意义。研究财务弹性的影响因素，以及其对研发和并购活动的影响，使企业对财务弹性有更深刻更全面的认识和理解，引导其做出科学、合理的财务决策，对企业的健康发展具有非常重要的意义。面对外部环境不确定以及融资约束，企业还要正确认识与银行之间关系资本的作用，发挥银企关联，帮助企业获取稀缺财务资源的功效。同时，在进行资金储备决策时，应该根据银企关系适时调整财务弹性储备策略，当未来投资机会或财务困境出现时，可以充分地利用银行资源或预先储备的财务弹性，获得资金重构，从而满足企业成长的需求。

从宏观层面来看，研究银企关联和财务弹性对企业成长的影响，为国家制定相应的政策提供有意义的参考和借鉴。面对市场与环境变化的不确定性，企业受到融资约束的影响，国家应进一步深化金融改革，不断减少融资摩擦，为企业提供良好的融资环境，保持资本市场和企业资金需求的良好衔接，使资本市场能够高效促进实体经济的发展。此外，就政府与企业及银行与企业之间的关系，要进行正确引导，实现企业、银行和政府之间的关系协调，建立以市场机制为主导的融资模式，发挥市场机制在资源配置中的主导作用。

1.3 研究思路与研究内容

1.3.1 研究思路

企业的成长离不开资金的支持和保障。没有了资金，企业就可能陷入困境，甚至破产倒闭。因此，为了获得生存和发展，企业需要做出合理的资金储备策略。企业财务决策或有关政策的制定必须与其所依存的外部环境相适宜。自21世纪以来，随着社会变迁和技术变革，企业所面临的环境充斥着巨大的不确定性。为了应对外部环境变化带来的冲击，企业必须要建立动态的弹性管理机制。在资金决策方面，财务人员应该改变以往经营过程中的刚性思维，树立财务弹性理念。具有财务弹性的企业在面对未来的不确定性时，能够迅速调动财务资源做出应对，从而实现企业价值最大化。但财务弹性的研究既有现实的需要，也是相关理论进一步发展的结果。因此，我们首先对其相关理论和文献进行梳理和回顾，从而发现本研究的契机，在此基础上通过理论分析和实证检验，对财务弹性的影响因素和经济后果展开研究。

具体来说，本书从社会资本视角，以银企关联作为切入点，首先，实证检验银企关联对企业财务弹性储备水平的影响，并结合我国特殊的产权制度背景，进行产权效应分析。其次，基于企业成长路径，分别探究财务弹性对企业内部成长方式——研发创新与外部成长方式、并购投资的影响，并结合银企关联，对财务弹性和企业成长的关系进行更深入分析。

每一部分都是首先在理论分析的基础上提出研究假设，其次利用相关数据进行实证检验，最后对研究结论进行小结。遵循先文献综述、理论探讨，再实证研究，最后结论总结的步骤，运用规范研究和实证研究相结合的方法进行现状分析、理论推演及结果分析。通过本研究，以期发现外部制度下的银企关联影响企业财务弹性储备水平的内在机理，以及二者有机结合下对企业成长的影响机制和实现路径。

1.3.2 研究内容

本书从企业社会资本视角研究银企关联和财务弹性对企业成长的影响，共分为七章，各章的主要内容如下：

第1章，绪论。主要阐述本书的研究背景、理论及现实意义，归纳并指出本书的研究思路和主要内容，说明所采用的研究方法及预期可能实现的创新点。

第2章，文献综述。围绕财务弹性、银企关联、研发投资和企业并购几个主题进行回顾和评述。关于财务弹性，主要从财务弹性的影响因素、储备方式及经济后果几个方面进行梳理与总结；关于银企关联，主要就银企关联在缓减融资约束和影响资金储备决策方面的相关文献进行简要的总结和回顾；关于研发创新，主要针对影响企业研发投资的融资因素，从融资来源和融资约束两个角度对相关的国内外文献进行梳理；关于企业并购，包括并购决策和并购支付方式两个方面，主要从融资来源角度进行了较全面的总结和回顾。本部分的文献综述为后续的实证研究奠定了文献基础。

第3章，理论基础及制度背景。本章主要分为基本概念界定、制度背景分析和理论基础三部分内容。首先，对本书涉及的几个基本概念进行辨析和界定；其次，就研究主题的背景和现状进行分析，包括上市企业财务弹性储备现状、企业内部成长现状和企业外部成长现状以及银企关系的制度背景；最后，对相关基础理论进行剖析，由此奠定了本书的理论基础。

第4章，银企关联对财务弹性的影响研究。属于实证研究的第一部分。首先，从银企关联视角，来探究财务弹性的影响因素，提出假设H1：在其他条件一定的情况下，企业财务弹性的储备水平与银企关联关系呈负向关系。其次，结合我国特殊的产权制度背景，对银企关联和财务弹性二者的关系进行深入研究，提出假设H2：相对于国有企业而言，非国有企业的银企关联对财务弹性的负向作用更显著。最后，结合财务弹性的影响因素，构建模型验证本章的假设，并区分不同融资约束和未来投资机会做进一步研究。

第5章，银企关联和财务弹性对研发投资的影响研究。属于实证研究的第二部分。首先，从融资约束角度，分析财务弹性对研发投资的影响，提出假设H1a：在其他条件不变的情况下，财务弹性越高的企业，其研发投资意愿越强；以及假设H1b：在其他条件不变的情况下，财务弹性越高的企业，其研发投资力度越大。其次，将银企关联和财务弹性纳入同一框架，探讨对研发投资的影响，提出假设 H2a：当企业与银行之间存在关联关系时，财务弹性对研发投资意愿的正向作用减弱；以及假设 H2b：当企业与银行之间存在关联关系时，财务弹性对研发投资力度的正向作用减弱。最后，结合研发投资的影响因素，构建模型，从研发投资意愿和投资力度两个维度验证本章的假设。在全样本回归的基础上，区分产权性质、环境不确定及不同货币政策进行分样本研究，检验财务弹性的创新效应是否受外部经济环境变化和企业产权特征的影响。

第 6 章，银企关联和财务弹性对并购活动的影响研究。属于实证研究的第三部分。本章分为两块内容，从并购决策和并购支付方式两个角度分别进行研究。对于并购决策，首先分析财务弹性对并购决策的影响，提出假设 H1：在其他条件不变的情况下，财务弹性越高的企业，其发动并购的动机越大，并购频次更高。其次将银企关联和财务弹性纳入同一框架，探讨对并购决策的影响，提出假设 H2：当企业与银行之间存在关联关系时，财务弹性对企业并购投资的正向作用减弱。在此基础上，结合并购决策的影响因素，构建模型验证提出的假设，并区分产权性质、环境不确定性及不同货币政策进行分样本研究。对于并购支付方式，首先研究财务弹性对并购支付方式的影响，提出假设 H1：企业储备的财务弹性水平越高，并购时越倾向于采用现金支付方式。其次将银企关联和财务弹性纳入同一框架，探讨对并购支付方式的影响，提出假设 H2：当企业与银行之间存在关联关系时，财务弹性对现金支付方式的正向作用减弱。在此基础上，结合并购支付方式的影响因素，构建模型验证提出的假设，并区分产权性质进行分样本研究。

第 7 章，结论与建议。总结本书的主要结论，从企业、政府和金融机构的角度，提出政策建议，从样本筛选、代理变量选择、克服内生性等方面指出本书的局限性，并结合本书的研究内容和局限提出未来研究方向。本书的研究思路与框架结构如图 1-1 所示。

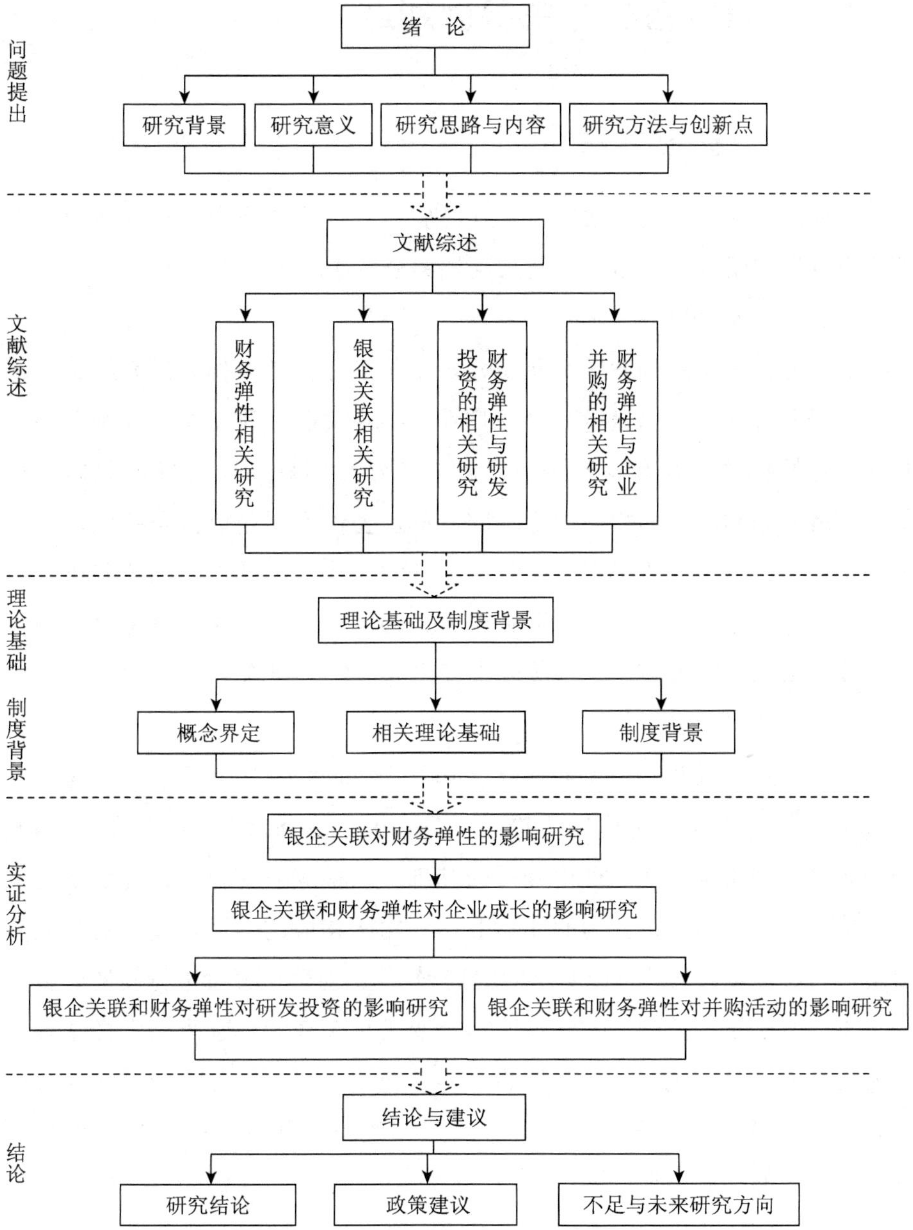

图 1-1　研究思路与框架结构

1.4 研究方法与主要创新点

1.4.1 研究方法

研究方法主要包括档案式研究、经验研究、实验研究、实地研究、案例研究及调查研究等，本书主要采用档案分析法和经验研究法。

（1）档案分析法

档案分析法是对档案文本展开分析，并以分析结果作为研究结论支撑的一种研究方法。本书通过对财务弹性、银企关联、研发投资和企业并购几个主题的相关文献和理论进行回顾和总结，明确所研究领域的研究现状、发展方向和涉及的相关理论基础。从社会资本视角以银企关联作为本书的切入点，首先分析了银企关联对财务弹性的影响效应，在此基础上将二者纳入同一框架，从研发投资和企业并购两个角度，深入分析财务弹性对企业成长的影响效应，为后续的实证研究提供了理论基础。

（2）经验研究法

经验研究涉及理论（Theory）、假设（Hypothesis）和事实（Fact）三个方面，经验研究的主旨在于描述（Describe）、解释（Explain）和预测（Predict）。在文献综述、理论分析的基础上，根据研究目的，提出研究假设，采用中国沪深上市公司的样本数据，构建相应的实证模型，对相关变量进行合理度量，运用 STATA12.0 分析软件，对理论假设进行实证检验。

本书对于银企关联、财务弹性和企业成长关系的检验采用大样本计量分析的方法，具体包括主要变量的描述性统计、相关性分析及多元回归检验；对于主要变量从不同维度进行研究和度量，并进行相应的稳健性检验，使研究的结论更加严谨。

1.4.2 主要创新点

本书从社会资本角度，首先研究了银企关联和财务弹性的关系，其次将二者纳入同一框架，进一步研究对企业内部成长方式——研发创新，与外部成长方式——并购投资的影响。本书将非正式制度下的银企关联与企业的财务弹性储备决策进行有机结合，来探究对企业成长的影响，创新点主要有以下几方面：

（1）基于企业社会资本视角，验证银企关联对财务弹性水平的影响

对于财务弹性的影响因素，现有学者重点关注企业的外部环境和内部特征两方面，如外部环境不确定性、内部现金流、未来投资机会、生命周期及前期投资比例等。但企业在衔接内部与外部环境时，也会影响资金的筹集和调度能力。因此，连接企业内外部环境的一些关系因素如政企关系、银企关系、商业信用等，也会影响企业的财务弹性，但鲜有文献从企业社会资本角度来探讨这些关系因素对财务弹性的影响。本书采用大样本实证分析方法，基于社会资本视角研究银企关联对财务弹性的影响效应，同时结合我国特殊的产权制度背景，进一步验证了不同产权性质下银企关联对财务弹性的影响差异，从而拓宽了财务弹性影响因素的研究视角。

（2）从财务弹性视角，检验银企关联对企业资金储备决策的影响

银企关联作为企业社会资本的一种重要形式，可以降低交易双方的信息不对称，增强企业的融资能力，减少未来筹资风险。企业的财务弹性储备决策，要权衡资金储备成本和筹资风险，依据与银行之间的关联关系进行相机抉择。已有学者关于银企关联对企业资金储备决策的影响，主要是从现金持有方面展开研究的，但未见有学者将现金决策和资本结构决策进行融合，就银企关联对企业财务弹性的影响进行相关研究。本书的实证结果为企业社会资本会影响财务决策提供了新的经验证据，从而丰富和拓展了企业社会资本领域的相关研究。

（3）将银企关联和财务弹性纳入同一框架，研究对企业成长的影响效应

研发投资作为企业的一种内涵式成长方式，对企业实现持续健康的发展具有重要的意义。关于研发投资活动，现有文献从融资约束和融资来源角度进行了大量研究。学者们认为，企业的筹资能力会显著影响研发投资

活动，无论是现金持有还是负债融资都会对企业的研发投资决策产生影响。但鲜有学者将现金决策和资本结构决策融合，从企业财务弹性的视角，研究其对研发投资活动的影响；也未见有学者从社会资本角度，将银企关联、财务弹性和研发投资纳入同一框架进行研究。本书结合银企关联，从研发投资意愿和投资力度两个维度，分析并实证检验了财务弹性对研发投资活动的影响，为研发领域的研究提供了新的视角，进而丰富了企业内部成长理论的相关内容。

并购作为企业的一种外延式成长方式，对企业实现外部扩张、资源优化配置具有重要意义。关于企业的外部成长方式——并购投资活动，现有文献从融资约束和融资来源角度进行了大量研究。学者们认为，无论是现金持有还是负债融资都会对并购决策及支付方式的选择产生影响。但鲜有学者将现金决策和资本结构决策融合，从企业财务弹性的视角，研究其对并购活动的影响；也未见有学者从社会资本角度，将银企关联、财务弹性和企业并购纳入同一框架进行更深入的研究。本书结合银企关联，分析并实证检验了财务弹性对并购决策及并购支付方式的影响，为企业并购领域的研究提供了新的视角，进而丰富了企业外部成长理论的相关内容。

第 2 章　文献综述

本书研究银企关联和财务弹性对企业成长的影响，选定研究主题后，我们有必要对该主体的研究成果和研究现状进行梳理，找出现有研究的不足，从而发现新的研究视角。在本章第一节，我们对财务弹性的相关研究进行了回顾和总结；第二节对银企关联的相关研究进行了简要回顾；第三节综合梳理了财务弹性对企业成长影响的研究现状，包括企业内部成长方式——研发投资与外部成长方式、并购活动两方面的相关内容；第四节对前三节的相关文献进行总结和述评。本章的内容为后文的实证分析提供了相关文献的支持。

2.1　财务弹性的相关研究

2.1.1　财务弹性影响因素

早期关于财务弹性影响因素的研究，主要是从现金持有和财务杠杆两个角度分别进行的，主要影响因素包括企业特征、行业特点和公司治理及外部环境等。众多学者研究发现，企业特征对现金持有有重要的影响。国外最经典的文献是 Opler 等（1999）的实证研究，对现金持有研究具有最广泛的影响。Opler 等以美国上市公司为研究对象，就企业特征对现金持有水平的影响进行了较为全面的研究，结果发现上市企业的现金持有水平与公司规模、财务杠杆及外部筹集资金的难度负相关，而与未来投资机会、现金流量正相关。之后，大量的学者遵循 Opler 等的研究思路，对企业现金持有的影响因素进行了大量的研究。Almeida 等（2004）以 1971—2000 年美国上市公司为研究对象，考虑上市企业外部融资环境对现金持有的影响，结果发现，当企业的外部融资约束较严重时，现金持有水平与现金流量显著正相关；而当企业没有受到融资约束时，二者之间无相关关系。关于企业特征对负债水平的影响，国外学者进行了大量研究，如 Mayers（1977）、Fama 和 Jensen（1983）等，他们认为，企业规模在资本结构中起着重要的作用，大公司倾向于向贷款人提供更多信息，拥有较高的贷款能力，因此，大公司的负债水平相对更高。

我国学者宋常等（2012）通过中国上市公司样本数据多角度考察发现，高额现金持有公司具有盈利能力强、成长性好、股利支付少和代理成本低等公司特征。也有学者从行业特征来研究，如裘丽和张建平（2016）研究发现，行业周期性会影响企业的财务杠杆，周期性行业具有高财务杠杆特征，且显著高于防御性行业。另外一些学者认为，公司治理层面，董事会特征、股权特征和管理层激励以及终极控制人性质等也会影响现金持有量和财务杠杆，如 Dittmar 等（2003）、Harford 等（2006）、廖理和肖作平（2009）及姜英兵和于彬彬（2013）。

金融危机爆发后，很多学者从宏观经济环境、环境不确定等角度进行了相关研究。例如，Riddick 和 Whited（2009）、Bates 等（2009）研究发现，由于外部环境的动态性不断增强，使美国上市企业的收入和现金流具有更大的不确定性，因此，企业会预先保留更多的现金以应对不时之需。他们的研究结论也说明了美国上市公司现金持有率呈逐年上升趋势这一现象的主要原因。我国学者祝继高和陆正飞（2009）以中央银行发布的货币政策指数，来衡量货币政策的宽松和紧缩程度，对货币政策与我国上市企业现金持有水平之间的关系进行了研究，发现现金持有水平与货币政策紧缩程度呈正相关关系。江龙和刘笑松（2011）实证检验了宏观经济因素对上市企业现金持有行为的影响，结果发现现金持有水平与宏观经济周期相关，在经济衰退时期，上市企业会保持较高的现金持有量，并且具有更高的现金积累倾向。Bhamra（2008）和卢永艳（2013）等的研究也发现，宏观经济的变化也会影响企业的资本结构。万良勇和饶静（2013）研究发现，高现金持有策略有助于缓解不确定性给企业带来的冲击。

近年来，这种将现金持有和财务杠杆割裂开来的研究逐渐转向，不少学者开始从战略角度思考财务弹性问题，综合考虑各项财务政策，将现金决策、资本结构和权益决策进行了融合，分别从企业的内部和外部两方面，来探讨其对企业整体财务弹性价值的影响。

关于企业内部因素与整体财务弹性的关系，一些学者认为，内部现金流会影响企业的财务弹性。我国学者姜英兵（2004）研究发现，现金流波动会显著影响上市企业的财务弹性水平，波动程度越大，保持的财务弹性水平也越高；进一步分行业研究发现，相对于公用事业类，药品生产类企业的盈利水平具有不确定性，现金流的波动幅度较大，因此，其财务弹性水平相对较高。Gamba 等（2008）的研究也认为，盈利能力的不确定性会造成现金流的较大波动，并最终影响企业财务弹性的价值。Campello 等（2010）以金融危机为背景，从构成财务弹性重要内容的信贷额度方面，对上市企业流动性管理与投资行为的关系进行了研究，发现当企业内部资金不足时，现金流可以增加公司的信贷额度。Rapp 等（2014）通过研究发现当公司内部现金流不足时，上市企业的财务弹性价值相对较高，而当内部现金流充足时，财务弹性价值则较低。

一些学者认为，财务弹性价值与企业的生命周期有关。Gamba 和 Triantis（2008）从生命周期视角分析了财务弹性对企业价值的影响，研究发现财务弹性的价值与企业的生命周期密切相关。对于刚成立的企业，有限的经营水平和不足的内部现金流，使其财务弹性的价值相对较大；而对于成熟期的企业，充足的现金流使这类企业的财务弹性价值相对较小。Byoun（2011）在对企业的成长历程进行仔细划分的基础上，就公司成长的生命周期对财务弹性价值的影响进行实证检验，得出了与 Gamba 和 Triantis（2008）一致的结论。

还有的学者认为，财务弹性价值与未来投资机会有关。Lins 等（2010）对 29 个国家的企业进行调查研究，发现企业的 CFO 会根据未来投资机会的大小来调整其信贷额度，进而储备财务弹性水平，以满足未来资金的需求。Marchica 等（2010）的研究也表明，企业可以通过持续保持较低的财务杠杆来储备财务弹性，当未来投资机会出现时，企业可以利用举借债务方式来获得资金需求。我国学者董理和茅宁（2013）研究发现，上市企业现金股利政策的制定，需要考虑其财务弹性水平的高低，而财务弹性水平又与未来投资机会密切相关。Arslan（2014）通过实证研究发现，未来投资机会正向影响企业的剩余举债能力，当企业预期未来成长机会较好时，可以通过剩余举债能力储备财务弹性。

其他方面，国内学者刘名旭（2014）从企业内部特征方面全面地分析了财务弹性的影响因素，发现企业的成长性和前期投资比例越高，可用于抵押融资的资产越少，越会选择储备较高的财务弹性水平。

关于外部影响因素与企业整体财务弹性，国外学者 Killi 等（2011）研究了环境不确定对财务弹性的影响，发现企业财务弹性的价值与经济环境密切相关，当环境不确定性较大时，企业受到的财务冲击较强烈，财务弹性能够发挥更大的作用。Arslan（2014）以金融危机为背景，就财务弹性在企业投资及业绩方面的作用进行研究，结果发现在危机之前，财务弹性水平不同的企业，其投资和业绩水平无显著的差异；而在危机期间，财务弹性水平较高的企业，其投资支出更多，业绩水平也相对更高。即环境不确定性对财务弹性价值具有显著的正向影响，这与 Killi 等（2011）研究结论一致。国内学者刘名旭（2014）通过研究也发现外部环境不确定性越大，企业储备的财务弹性发挥的作用也越大。

但少有学者对企业整体财务弹性的影响因素，从连接企业内外部环境的一些关系因素，如政企关系、银企关系、与供应商的关系等角度来进行探讨，这也为本书的相关研究提供了契机。

2.1.2 财务弹性的储备方式

企业可以通过哪些渠道或方式来储备财务弹性，这是一个重要的理论问题。葛家澍等（2008）提出企业财务弹性的几个主要来源，包括在资本市场上发行股票或债券，从银行等金融机构贷款，出售资产及改变经营策略增加现金流等。从理论上来讲，任何企业都可以通过一定的方式储备合理的财务弹性，但实际上由于各个企业的筹资渠道或能力不同，因此，造成了不同企业间的财务弹性水平差异较大。

早期的文献主要从现金持有和财务杠杆两个方面，分别探讨企业如何运用这两种政策来储备财务弹性，以便企业在未来能够应对不利冲击或捕捉投资机会。近年来，学者们对财务弹性储备方式的研究进行了拓展，强调企业如何运用综合的财务政策来储备财务弹性。一些学者还强调股利支付政策在获取财务弹性方面的重要作用（Daniel 等，2007）。因此，我们将财务弹性的储备方式归纳为以下几个方面。

（1）现金持有与财务弹性储备

关于通过现金持有政策储备财务弹性的研究，始于 20 世纪 30 年代 Keynes 对现金持有动机的研究。他提出了货币需求理论，将现金持有动机分为交易动机、预防动机和投机动机。因交易动机而持有现金是为了满足企业的日常经营需求，而出于预防动机或投机动机预先保留现金，则是基于企业保持财务弹性的目的。之后，学者们进行大量研究，对现金持有动机的认识不断深化。当资本市场是完美的，处于理想状态时，企业没有必要预先储备多余的现金，因为此时企业的内外融资成本是毫无差别的，各种融资方式完全可以替代（Miller 和 Modigliani，1961）。但在现实生活中，资本市场是不完善的，外部融资环境是不断变化的，为了应对这种不确定性，企业通常会持有或保留更多的现金。Myers 和 Majluf（1984）提出了融资优序理论，认为公司出于保持财务弹性的目的，会预先持有大量现金，这样可以有效避免当公司股票价格被低估时，以发行股票的方式来筹集资金。Opler 等（1999）从预防动机的角度研究了企业持有现金的目的，他们认为，企业持有现金不仅能够满足投资需要，而且还有助于企业节约筹资成本。

最近的研究中，出现了大量从财务弹性视角考虑现金持有动机的实证研究。Soenen（2003）强调财务弹性的“利用性”属性，认为企业可以通过持有现金来储备财务弹性，从而能够更好地把握投资机会。Soenen 通过对企业的并购活动进行研究，发现较高的现金水平有助于提高企业实施并购决策的主动性和灵活性。Lie（2005）以金融危机为背景，对韩国企业在危机前后的投资水平进行比较和研究，结果发现相对于危机前，危机之后的投资支出下降明显。他们认为，这是由于企业经理人在金融危机的大环境中，财务弹性意识不断增强，从而降低投资支出的结果。Bates 等（2009）选取 1980—2006 年作为样本期间，对美国企业的现金持有情况进行研究，结果发现，在样本年度内企业的现金持有水平出现大幅度增加，从 10.5%一度增加到 23%，他们认为这是企业管理者的财务弹性理念树立和意识不断增强的结果。

上述学者们的研究基本上支持了现金持有的主要目的是出于企业的财务弹性安排，而合理的财务弹性储备可以使企业能够有效地把握有利的投资机会。但企业储备现金是有成本的，如果现金持有量过高，不仅会增加现金的机会成本，而且也会增加企业的代理成本（Jensen，1986）。因此，企业通过现金持有方式来获得财务弹性，是否是较为有效的方式，仍然有待进一步的研究和证实。

（2）财务杠杆与财务弹性储备

保持低财务杠杆是公司储备财务弹性的另一种重要方式，受到了国内外学者的关注。他们的主要观点是，企业预先持有或保留较低的财务杠杆，未来可以通过提高杠杆比率为企业筹集所需要的资金。

自 Miller 和 Modigliani（1958）提出著名的 MM 定理以来，学者们就财务杠杆与企业价值之间的关系进行了大量的研究。Graham（2000）发现一些规模较大、财务状况较好的企业，通常会秉承更为保守的财务政策，而且具有持续性的特点。Minton 等（2001）则认为，企业储备负债融资能力与捕捉未来潜在的投资机会、实施并购或进行股票回购活动有着更为直接的关系。

学者们通过实证验证了上述观点，Byoun（2008）研究发现，企业一般会用盈余来偿还债务，以此降低其负债比例，最终通过维持低财务杠杆而获取财务弹性，以满足投资需要。Gamba 等（2008）也指出低财务杠杆是企业储备财务弹性的有效方式，财务弹性不仅可以预防盈余下滑带来的影响，还能使企业及时地把握未来有力的投资机会。Harford 等（2009）对并购前后竞标企业的财务杠杆比率进行比较，发现并购前竞标企业的平均财务杠杆率比目标债务比率低 2%，而并购完成之后，其财务杠杆比率增长幅度较大，超出目标水平 10%左右，这充分说明并购前的低财务杠杆是竞标企业为并购投资储备财务弹性的手段。Marchica 和 Mura（2010）通过研究发现，企业维持一段时间的低杠杆政策后，能够进行较大的资本支出，超常规投资也有所增加，该结论也证实了保守的财务杠杆政策对储备财务弹性的重要作用。在实务界，众多学者也进行了大量的研究，提供了有力的证据支持上述观点（Graham 和 Harvey，2001；Bancel，2004；Brounen，2006）。

部分学者还强调了负债结构对于储备财务弹性的重要作用。他们认为，可以从信用额度和商业票据两个方面来优化负债结构。Sufi（2009）认为，信用额度是一种未来贷款的期权，与现金持有之间可以完全相互替代，企业可以通过调整信用额度来储备财务弹性。Kahl 等（2008）则指出，对于不同的资金需求，企业可以做出灵活的财务安排，对于确定的资金需求可以举借债务，而对于意料之外的资金需求，企业可以选用商业票据，这样不仅可以降低资金使用成本，而且也增强了企业的财务弹性。

有关中国上市企业的研究中，曾爱民等（2013）以 2008 年的金融危机为冲击事件，对企业偏好保守资本结构的动机进行了研究，发现在危机之前，资本结构保守的企业，其投资相对较少；而在危机时期较强的负债融资能力提高了企业的投资水平。该研究结论支持了保守财务杠杆能够增强企业的财务弹性，从而能够更好地应对不利冲击的观点。黄永华（2014）以金融危机为背景，采用平衡面板数据分析发现，在危机时企业更注重财务弹性的作用，边际财务弹性价值低的企业资本结构调整顺周期。汪金祥、吴育辉和吴世农（2016）以沪深 A 股上市企业为对象，研究发现上市企业普遍存在的零负债行为，是企业主动保持财务弹性的战略选择，而并非完全因为外部融资约束。

（3）股利政策与财务弹性储备

关于股利政策与财务弹性储备的研究，存在两种主要观点：一种观点认为，企业可以通过支付持续的现金股利，来储备财务弹性；另一种观点认为，可以通过股票回购的方式，来储备财务弹性。尽管这两种方式都能有效地提高企业的财务弹性，但其内在机理相差较大。

支持第一种观点的学者认为，根据自由现金流假说，当企业拥有多余的现金时，会产生严重的代理问题，此时如果将现金以股利的方式发放给股东，不仅可以降低企业的代理成本，还会向市场传递积极的信号，并最终体现在股票的价格上，这为企业的后续融资创造了有利的条件，从而增强了企业的财务弹性。Guay 和 Harford（2000）研究发现，当企业拥有稳定的现金流时，会倾向于选择支付现金股利。

另一些学者则认为，可以采用股票回购的方式来储备财务弹性。在股票回购政策下，现金流不会马上流出公司，而是给予公司一种选择权，这种选择权能够使公司面临未来投资机会或不利冲击时，可以通过取消股票回购计划的方式，来增强财务弹性。Grullon 等（2002）研究发现，股票回购和现金股利之间存在替代关系，并且这种替代关系正在逐步增强，无论是成长期还是成熟期的公司，选择股票回购的公司越来越多。Brav 等（2005）通过对企业 CFO 的问卷调查，发现与正常股利相比，股票回购增强了企业的财务弹性，从而获得管理层的普遍支持。

我国学者邓康林和刘名旭（2013）以 2007 年我国 A 股上市企业为样本对象，就财务弹性水平、经营环境与现金股利政策之间的关系进行了实证检验。结果发现，企业的经营环境和财务弹性水平都是影响现金股利政策的重要因素；企业在制定股利政策时，会综合考虑外部经营环境及财务弹性因素的影响。经营环境越复杂，财务弹性储备水平越低的企业更倾向于分配低现金股利。

综上可知，企业可以通过持有现金、保持低财务杠杆及股利政策等渠道或方式来储备财务弹性，但通过单一的财务政策来储备财务弹性，往往很难满足企业的融资需求，因此，大量的学者主张企业应该同时采用多种财务政策相结合的方式来储备财务弹性。

DeAngelo（2007）提出了通过多种财务政策相结合的方式来储备财务弹性的理论，该理论认为，由于持有大量的现金会产生严重的代理成本，因此，企业在储备财务弹性时，不仅要采用现金持有的方式，同时要考虑外部资本市场上的筹资途径。一种途径是通过持有或保留较低的财务杠杆，来储备财务弹性，这种储备方式能够有效降低现金持有的代理成本；另一种途径是通过持续的权益支付来储备财务弹性，这种储备方式不仅能够有效降低现金持有的代理成本，而且能够向市场传递积极的信号，为后续融资提供有利条件。之后的学者也支持这一观点，Bates 等（2009）指出，为了避免陷入财务困境或降低发生违约的概率，企业可以依据外部经营风险，将高现金持有和低财务杠杆策略相结合来获取财务弹性。Byoun（2011）将企业按照规模和成长性进行分类研究，结果发现规模小、成长机会好的企业，储备财务弹性的动机更强，并且会通过多种财务政策相结合的方式来获取财务弹性。

2.1.3 财务弹性的经济后果

（1）财务弹性与企业投资行为

学者们关于财务弹性经济后果的研究，主要是围绕投融资行为和企业业绩展开的。关于财务弹性对企业投融资行为的影响研究主要分为以下两种情境：一是在正常的经营环境中；二是当出现不利冲击时。具有代表性的是 Arslan 等（2008）对东亚 5 个国家的研究，他们以 1997 年东南亚金融危机为背景，对各个国家上市公司在危机前后的投资支出进行研究，结果发现在危机前财务弹性水平较高的企业，面对危机时具有更大的灵活性，能够更容易地应对危机或捕捉各种投资机会。

早期关于财务弹性与企业投融资问题的研究，主要侧重于财务弹性的某一个方面。部分学者从现金的角度进行了研究，Opler 等（1999）和 Soenen（2003）的研究均表明，充足的现金储备有利于企业保持财务弹性，避免陷入财务困境和捕捉未来投资机会，特别是在经济不景气的时候其作用尤为明显。Brown 和 Petersen（2011）及 Campello 等（2010）发现，充足的现金储备可以提高企业的投资水平，有效减少不利冲击对企业投资的影响。我国学者顾乃康等（2011）以现金持有水平度量我国上市企业的财务弹性水平，对 1998—2006 年沪深两市上市公司的投资水平与财务弹性的关系进行研究，结果发现，采用三种方法定义的财务弹性（中位数法、拟合值法、三分位数法）都与企业的投资水平正相关，这充分体现了企业储备财务弹性，有利于其投资水平的提高。

部分学者从负债的角度研究财务弹性与企业投融资决策问题。Aivazian 等（2005）研究认为，企业保持较低财务杠杆，具有借贷能力，可以显著促进企业的投资。Marchica 和 Mura（2010）认为，如果企业预期到未来会出现有利投资机会或者不利冲击时，那么企业就应当采取持续的低财务杠杆策略，以储备负债融资能力，满足未来投资需要。

国内学者马春爱（2011）结合现金、杠杆和融资成本指标，构建了财务弹性指数，对企业的非效率投资进行了分析和研究。结果发现，财务弹性能够在一定程度上抑制企业的非效率投资行为，并且这种抑制作用具有一定的区间特性，极高或极低的财务弹性水平会使企业出现投资过度或投资不足问题。陈红兵和连玉君（2013）以现金水平和财务杠杆对财务弹性进行综合度量，研究发现财务弹性水平较高的企业，其融资能力较强，投资水平较高，但由于代理成本的存在，其投资效率相对更低。曾爱民、张纯和魏志华（2013）及曾爱民、傅元略和梁丽珍（2013）以 2008 年金融危机为背景，研究发现危机前财务弹性越高的企业，在危机中越善于抓住投资机会，在危机中的投资支出明显高于财务弹性低的企业，这与 Arslan 等（2013）的研究结论类似。

（2）财务弹性与企业业绩

大量学者从现金和负债两个角度分别研究财务弹性对企业业绩的影响。Mikkelson 等（2003）以美国上市公司为对象，按照现金持有量对样本企业进行分组，研究发现，在高现金持有组，企业的业绩水平较高；而在低现金持有组，其业绩水平相对较低。Zingales（1999）通过对美国运输行业的企业进行研究，发现企业的负债水平在应对外部环境变化的时候能够起到显著的作用，负债水平同样也是保证企业持续发展的重要因素。我国学者朱武祥等（2002）对啤酒行业进行案例分析和研究，结果表明，持续储备负债融资能力的企业，在产品市场中具备相对较强的竞争力。

也有学者从综合财务弹性角度进行了研究，Gamba 和 Triantis（2008）认为，储备财务弹性的企业在经营活动中具备更好的财务灵活性，当投资机会出现时能够及时以低成本获得投资资金，而当危机来临时又能有效降低陷入财务困境的可能。因此，财务弹性对企业价值有显著的影响，财务弹性水平越高的企业，企业价值评估水平也越高。Arslan 等（2014）对东亚五国上市公司在金融危机中的业绩表现进行配对研究，结果发现在危机前财务弹性高的企业，在危机中取得的成绩显著高于对照组企业（财务弹性低的企业）。刘婷和郭丽虹（2015）以我国 A 股上市企业 2004—2012 年的数据为研究样本，综合考察了内部和外部流动性对企业投资的影响，研究发现具有银行授信并且储备财务弹性的企业，存在投资过度问题，业绩水平更低。

2.2 银企关联的相关研究

社会资本理论认为，社会资本的存在能够减少交易双方的信息不对称，降低交易成本。银企关系是企业与银行开展业务的过程中形成、发展起来的一种比较重要的社会资本，良好的银企关系可以加深银行对企业财务信息的了解，有助于缓解交易双方的信息不对称，降低交易成本，从而便于企业从银行获取资金（Diamond，1984；Fama，1985；Berlin 和 Loeys，1988）。大量研究讨论了银企关联的经济后果，如银企关联可以降低企业的融资成本（Ciamarra，2012）、缓解融资约束（Booth 和 Deli，1999；唐建新等，2011）；银企关联也可以改善投资效率（Burak 等，2008；Dittmann 等，2010；翟胜宝，2014）；银企关联还会影响企业的资金储备决策（Ozkan 等，2004；Brick 和 Liao，2013）。本节就银企关联在缓减融资约束和影响资金储备决策方面的相关文献进行简要的总结和回顾。

银企关联有助于企业获得银行贷款等外源资金，能够缓减企业的融资约束。国外学者 Berlin 和 Loeys（1988）通过研究发现，与银行建立紧密关系的企业可以从银行获得更多的贷款。Agarwal 等（2001）以德国企业为对象进行研究，发现紧密的银企关系有效地提高了企业外部资本的可获得性。Shen 等（2005）以中国台湾上市公司的数据为样本，发现与银行建立了较强关系的公司，其投资现金流敏感性更低。Jiangli 等（2008）以亚洲金融危机为背景，使用亚洲国家中小企业数据作为研究样本，考察银企关联对企业信贷能力的影响。研究发现，在不同的国家，其结论不同，在泰国和韩国，紧密的银企关系与信贷可获得性之间存在正向关系；而在菲律宾和印度尼西亚却无相关关系。我国学者杜颖洁和杜兴强（2013）以高管银行背景作为银企关联的替代变量，验证了银企关联对非国有上市企业银行借款的作用，结果表明非国有上市企业的银行借款与银企关联之间呈正相关关系。邓建平和曾勇（2011）则从融资约束的角度对银企关联的作用进行了研究，得出企业与银行之间的关联关系有助于缓解我国非国有上市企业的融资约束的结论。程小可等（2013）也得出了类似的观点，他们指出，与银行建立紧密关系的企业可以通过银行资源来降低其融资约束程度。

关于银企关联对企业资金储备决策的影响，学者们主要是从现金持有角度来展开研究的。部分学者基于信号传递理论，认为银行贷款能够向市场传递有效信息，与银行之间的关系越紧密，说明企业举借债务的能力越强，那么企业出于预防动机会持有较低的现金水平。Ferreira 和 Vilela（2004）通过对欧盟上市公司的现金持有情况进行研究，认为出于预防性动机的考虑，与银行建立紧密关系的企业降低了持有现金的水平。Ozkan 等（2004）以英国上市公司为样本对象，研究发现现金持有水平与银行负债水平呈负相关关系。Ostergaard 等（2011）也认为，银企关联能够降低未来经济不确定性，使企业减少持有现金的可能性。

但另外一些学者认为，由于信息不对称等产生的道德风险和逆向选择，债权人往往会通过适时地调整贷款利率、期限结构和债务条约等方式来降低风险，这可能会导致企业融资成本的上升，甚至出现财务困境，因此，企业将有动机储备一定量的现金来避免这种危机的出现。Lee 等（2001）以美国、日本和德国公司为研究对象，就银行权力对企业现金持有量的影响进行研究，发现日本公司的现金持有量水平相对更高，而且现金水平与银行权力的强弱有关，当银行权力较强的时候，企业的现金持有水平相对更高。William 等（2009）对房地产投资信托公司进行考察，发现这类公司的现金持有水平与信贷额度存在正相关关系，而获得信贷额度越高的企业，与银行之间的关系越紧密。Brick 和 Liao（2013）则从负债期限结构方面进行研究，发现企业的长期债务比例越高，其现金持有水平也相对更高。

国内大部分学者认为，银企关系密切的公司常常持有更少的现金，如杨兴全等（2007）以银行债务比例度量企业与银行之间的关系，考察银企关联对现金持有水平的作用，结果表明良好的银企关系能够降低企业的现金持有水平。陈栋和陈运森（2012）通过对银行股权关联与现金管理的关系进行研究，发现具有银行股权关联关系的公司现金持有水平更低；进一步研究发现，当货币政策趋紧时，具有银行股权关联的公司现金持有和调整水平均更低。但也有少数学者得出了不同的观点，如胡国柳等（2006）对现金持有水平与银企关联之间的关系进行实证检验，发现二者之间并不存在显著的相关关系。

2.3 财务弹性与企业成长的相关研究

2.3.1 财务弹性与研发投资的相关研究

研发活动作为企业的一种内涵式成长方式，对企业的发展具有重要的意义。自 1912 年 Schumpeter 首次提出创新理论以来，国内外学者对企业研发投资的影响因素进行了大量的研究。其影响因素大致可以分为三类：第一类是企业内部因素，主要是指企业特征、内部制度安排，包括企业规模、公司治理及管理层特征等；第二类是外部环境因素，主要包括宏观经济政策、金融环境、市场化程度等；第三类是融资因素，主要是指企业的内部财务安排，包括企业的融资模式、融资结构选择、融资策略及资金状况等。本节主要针对影响企业研发投资的融资因素，从融资来源和融资约束两个角度进行简要的回顾。

2.3.1.1 融资来源与研发投资

（1）现金持有与研发投资

近年来，许多研究都证实了现金资产在企业开展创新活动、获取竞争胜利过程中具有重要的战略意义（Lyandres 和 Palazzo，2012）。大量学者发现，研发活动密集的企业往往通过储备较高的现金水平来平滑研发支出。国外学者 Opler 等（1999）以美国上市公司为对象，研究发现研发投资强度越大的企业，其现金持有量也越高，并且企业的现金水平会随着外部融资约束的降低而相应减少。Bates，Kahle 和 Stulz（2009）通过研究将美国工业企业现金持有量激增的主要原因归于研发投资的增加。Bixia（2009）以生物高科技公司为研究对象，研究发现对于研发活动密集的企业，市场对其现金的定价较高，这说明投资者对于现金储备充足的高科技企业比较看好。Schroth 和 Szalay（2010）研究也发现，现金持有充足的企业在专利竞争中，取胜的概率更大。Elisa Ughetto（2010）以意大利制造业企业为样本数据，利用 GMM 方法进行实证检验，结果显示该国企业的研发活动主要依靠内部现金流，而不是债券这一主流融资工具。Brown 和 Martinsson（2013）对欧洲各国的研发企业进行研究，发现企业使用持有的现金平滑研发投资，极大地缓解了企业所受的融资约束。

国内学者鞠晓生和卢荻等（2013）认为，我国企业可以通过对运营资本进行管理，来实现研发平滑，保证创新的可持续性。解维敏等（2009）通过考察政府资助对企业研发投资的影响，发现现金持有量与企业 R&D 支出存在显著的正相关关系。韩鹏和唐家海（2012）考察了我国中小企业的现金持有对研发平滑的作用，实证检验发现，相对于非融资约束企业，融资约束企业的研发平滑动机更强。袁东任和汪炜（2015）研究发现，信息披露与现金持有对研发投资有正向作用，并且这两种决策在应对研发融资约束方面存在替代性。吴淑娥等（2016）以我国生物医药制造行业的上市公司为对象，运用系统 GMM 估计方法，探究了现金持有与研发平滑的关系，结果发现相比起财务活动的频繁波动，企业可以运用现金持有来平滑研发，从而使企业的研发投入保持在一个相对稳定的水平；同时，他们还发现现金持有可以对冲财务危机，这导致企业在金融危机中的研发投入反而增加。

（2）负债融资与研发投资

这方面的相关研究，主要有三种观点：第一种观点认为，负债与研发投资呈负相关关系。Froot 等（1993）提出企业要进行创新，需要保持宽松的财务环境来缓冲内部现金流波动带来的影响。Bhagat 和 Welch（1995）以美国、日本及欧洲等国家的企业为样本对象，研究发现企业研发支出与债务比例负相关，出于经营安全性考虑，那么高财务杠杆的企业应该削减研发支出。此外，Bah 等（2001）、Carpenter 等（2002）与 Singh 和 Faircloth（2005）也支持上述观点。

第二种观点认为，负债与研发投资正相关。Jenson 和 Meckling（1976）基于债权人与所有者利益冲突的视角，认为由于债权人无法享有企业盈利所带来的超额收益，而只能获得债权所带来的固定收益，所以债权人一般都是厌恶风险的；而所有者情况则相反，在有限责任的驱动下，往往会去从事那些成功机会较小，但一旦成功就会收益颇丰的投资项目。Balakrishnan 等（1993）研究发现，企业能够通过无形资产获得竞争优势，这种竞争优势更具有“专有性”，可以为债权人提供更多的保障，从而使企业可以获得更多的融资资金。Philippe Aghion 等（2004）也认为，管理者出于自身利益的考虑，尽管企业的杠杆水平较高，仍倾向于从事高风险的研发活动来获取高收益，与 Jenson 和 Meckling（1976）的观点一致。

第三种观点认为，负债与研发投资之间的关系具有不确定性。Sungcheon Kang（2004）的研究表明，企业负债与研发投资之间呈 U 型关系，二者之间存在一临界值，在临界值两侧负债与研发投资强度表现为不同的相关关系。Gustav Martinsson（2009）基于债务的契约视角研究发现，长期负债与研发投资之间存在债务“悬置效应”，企业的研发投入与负债率呈倒U型关系，过高或过低的负债都不利于企业的研发投入，只有当企业的负债率达到60%时，长期负债与R&D投入表现为正相关关系。一些学者还发现因国别、企业类型和债务类型的不同，负债与研发投资之间也表现出不同的相关关系（Bhagat和Welch，1995；Chiao，2002）。

国内学者戴跃强和达庆利（2007）以江苏省企业为样本数据，从资本结构与规模视角对企业研发投资的影响因素进行了研究。结果发现，我国中小企业很难从外部进行融资，且负债水平较高的企业，其研发投资不足问题更为严重。刘笑霞和李明辉（2009）专门针对我国制造行业进行研究，发现研发投资与企业负债水平无相关关系。解维敏和方红星（2011）研究发现，企业可以通过外部进行融资获取大量的资金，来保证研发活动的顺利开展。肖海莲、唐清泉和周美华（2014）基于研发投资异质性角度实证研究发现，探索式创新投资显著地受到负债融资约束，而常规式创新投资对负债融资却不敏感。他们还发现，来源不同的负债对企业的创新投资约束不同，银行借款对两种创新投资均有负向作用；常规式创新投资可以利用商业信用来进行研发活动，而探索式创新投资对商业信用不敏感。

（3）股权融资与企业研发投资

股票市场作为融资渠道的重要组成部分，对上市企业研发资金的筹集发挥重要的作用。Romer（1990）认为，资本市场的不完善可能会阻碍上市企业研发项目的扩大，Grillches（1998）的研究也支持了这一观点。Carpenter和Petersen（2002）发现在小规模的高科技企业中，以IPO形式存在的权益融资增长幅度较大。Mueller等（2009）以德国中小企业为样本数据，实证检验了权益融资对研发投资的影响。结果表明，对于年轻的科技企业，其研发活动会更多地依赖于原始投入的资本，因此，权益比率就构成了对初创科技企业的研发融资约束。我国学者孙杨等（2009）研究发现，在对科技创新的促进方面，政府资金和企业自有资金明显优于金融机构贷款。他们还发现，风险投资也对研发投入起着重要的作用，是企业开展研发活动寻求外部资金的重要渠道。

2.3.1.2　融资约束与研发投资

根据信息不对称理论，在不完美资本市场中，外部融资成本往往要高于内部融资成本，当企业内外部融资成本差异显著时，就会对企业形成融资约束。大量的学者认为，企业的研发投资是受融资约束制约的，而且由于研发投资具有高风险和收益滞后的特性，甚至面临比一般的投资活动更严重的外部融资困境。

Arrow 是最早研究创新和资金之间关系的学者之一，他认为，信息不对称造成的道德风险使企业受到融资约束，从而阻碍企业从事创新类高风险活动。Czarnitzki 和 Hottenrott（2011）根据欧洲经济研究中心的数据，考察了融资约束和中小企业研发活动之间的关系，结果发现相比原始资本投入，内部资金约束对研发投资的影响更大。Savignac（2006）以法国企业为研究对象，结果发现融资约束降低了企业实施创新项目的可能性，特别是电子电气设备制造行业的企业受到的影响相对更严重。Mohnen 等（2007）以荷兰 CIS3.5 创新调查数据为样本，研究发现，融资约束对研发投资具有显著的负向影响，是企业进行研发活动的主要障碍。Stoneman 和 Canepa（2002）以及 Mohnen（2008）以欧洲企业为对象，研究发现融资约束会导致企业取消或推迟研发项目。这一研究结论可以根据熊彼特的创新观点来解释，当经济处于衰退周期时，相对于短期投资而言，长期投资的机会成本较低，因此，长期投资占总投资的比例是逆周期的。研发投资属于长期投资，当企业面临较强的融资约束时，研发投资的逆周期性减弱。

我国学者温军等（2011）指出，中国企业创新投入偏低的一个重要原因就是融资约束。贺勇和刘冬荣（2011）以 2007—2009 年我国民营高科技上市企业为样本数据，研究发现融资约束严重影响企业的研发投资；集团化企业其内部资金对研发投资起到了支持作用，能够在很大程度上缓解研发融资约束。谢家智、刘思亚和李后建（2014）依据世界银行的投资环境调查数据，实证考察了在经济转轨过程中，政治关联、融资约束与企业研发投资之间的关系。结果发现融资约束对研发投资有明显的抑制作用，兼具政企双重身份的企业高管对企业研发投资具有一定负向影响，同时强化了融资约束对研发投资的抑制作用。刘胜强等（2015）采用双边随机边界法，以沪深上市公司2009—2012年的数据为样本，验证了融资约束对研发投资的影响，结果也表明融资约束与研发投资显著负相关。

2.3.2 财务弹性与企业并购的相关研究

（1）财务弹性与并购决策

并购活动作为企业的一种外延式成长方式，是企业实现战略扩张、资源优化配置的重要手段。根据信息不对称理论，在不完美资本市场中，外部融资成本高于内部资本成本，企业普遍面临融资约束问题。并购活动交易金额巨大且具有较大的不确定性，必然会受到自身融资能力的影响。Acemoglu等（2009）考察了金融发展对企业并购行为的影响，指出一个地区的金融发展状况会影响企业的并购行为，较低的金融发展水平会降低企业的融资能力，阻碍并购交易的实施。Chen等（2009）通过对企业国内和国外并购行为的比较研究，发现相对于国内并购，融资约束降低了国外并购的可能性。Menno（2011）以英国上市公司的数据为样本，研究也发现外部融资约束显著降低了上市企业实施并购的可能性。

近年来，国外学者从形成融资的因素出发，专门探讨了债务比例、现金持有水平与并购活动之间的关系。负债方面，Morellec和Zhdanov（2008）构建了一个动态并购模型，考察了收购方财务杠杆、市场时机与并购条款之间的联合作用对并购交易的影响。研究发现债务在并购活动中起着核心作用，决定着并购竞标的结果，财务杠杆低于行业平均水平的收购方在并购竞标中能够获胜。Almazan等（2010）通过研究也发现，拟进行并购的企业通常会保持低债务比例，同时这种现象在高科技或高成长性地区的企业中更加明显。Morellec和Zhdanov（2008）及Almazan等（2010）的研究均表明企业维持较低的财务杠杆水平有利于并购竞标的成功。Harford 等（2009）和 Uysal（2011）的研究均认为，资本结构的偏离是企业并购中需要考虑的一个重要的因素，收购方企业会调整资本结构，并试图不偏离目标资本结构。

关于现金持有方面，Harford（1999）通过对现金持有水平与公司并购行为的研究，发现二者之间存在显著的相关关系，现金持有水平越高，公司发动并购的可能性也越大。Harford（2005）从行业冲击和资金流动性两方面考察对并购行为的影响，研究指出仅有行业冲击不会掀起行业并购浪潮，还要有宏观层面的资金流动性才能有效推动行业的整合。Celikyurt 等（2010）认为，企业可以通过 IPO 方式获得大量的现金，从而为企业实施并购交易提供资金支持。

国内学者关于并购融资问题的研究，是与并购发展阶段密切相关的。股权分置改革前，我国企业的并购活动以保壳和借壳上市为主要目的，政府干预较多。李增泉等（2005）以我国上市企业为对象进行研究，发现企业通过并购活动来提升业绩，以满足配股条件或避免亏损。刘锡良等（2003）和潘红波等（2008）都认为，我国金融市场的发展滞后性很大程度上制约了并购融资的选择空间。由于地方政府基于政策负担或政治晋升目标的考虑，往往导致企业的并购行为在一定程度上会受到政府的干预。郭旭东（2009）则认为，我国金融市场发展滞后，信息不对称较为严重，交易成本巨大，使我国没有真正意义上的杠杆收购。股权分置改革后，上市企业的并购活动以实现产业整合、资源优化配置和提升核心竞争力为主要目的。随着我国资本市场的不断发展，市场化的并购行为逐渐成为主流，融资能力成为影响企业并购行为的重要影响因素。赵立彬（2013）以我国上市企业 2002—2009 年的相关数据为样本，结合地区金融发展状况，就融资能力对企业并购行为的影响进行了较全面的研究，结果表明，企业融资能力与并购发生的概率之间存在显著的相关关系，外部融资依赖性较高的企业，发生并购的可能性较低。同时，金融市场化程度的提高，可以在一定程度上降低外部融资能力对企业并购行为的负向作用。张芳芳和刘淑莲（2015）采用 Logit 模型和 OLS 混合模型，以我国沪深上市企业

2008—2011 年的数据为样本对象，考察了主并公司现金持有状况与并购决策及并购绩效的相关关系。研究发现，现金持有水平较高的企业发动并购的可能性更大；但现金持有水平与并购绩效的相关关系存在期间差异，与长期并购绩效负相关，而与短期并购绩效无显著关系。

（2）财务弹性与并购支付方式

国内外学者关于融资因素与并购支付方式的研究成果比较丰富。许多学者认为，并购支付方式与企业的融资能力有密切的关系。Martin（1996）研究指出，当存在机构投资者时，主并企业的融资能力越强，实施并购时采用股票支付的可能性越小。Faccio 等（2005）和 Martynova 等（2009）的研究均表明，企业并购支付方式的选择会受到融资约束的影响，他们发现，存在融资约束的企业选择现金作为支付方式的可能性更低。Alshwer 和 Sibilkov（2010）以美国并购市场为研究背景，发现存在融资约束的主并公司倾向于使用股票支付；且投资机会越大，使用股票支付方式的可能性越大。这是由于融资约束公司可以使用股票支付来节约内部资金，减少未来融资风险和保持财务灵活性，以避免并购后可能发生的投资不足。Giuli（2012）的研究则发现，融资约束对并购支付方式选择无显著影响。Karampatsas 等（2014）从信用评级角度对并购支付方式进行了研究，结果发现，当公司的信用评级越高时，实施并购时越倾向于使用现金融资方式。

国内学者杨志海和赵立彬（2012）以我国 A 股上市公司的并购数据为样本，研究发现当外部融资约束程度增加时，公司使用现金融资方式的概率降低，而且融资约束公司更倾向于在并购前储备资金，这符合并购预防假说。葛伟杰和张秋生等（2014）、李井林和刘淑莲等（2014）实证检验了融资约束对并购支付方式和并购绩效的影响，得出了基本一致的研究结论，他们都发现存在融资约束的公司，在并购中优先选择股票支付方式，而且并购绩效相对更高。

同时，学者们关于融资来源对并购支付方式的影响进行了大量的研究。有关负债方面，Hansen（1987）研究指出，收购方的并购对价方式与负债比率相关，股票支付的可能性与负债水平成正比。Faccio 和 Masulis

（2005）基于公司控制权和债务融资约束对并购支付方式进行考察，发现基于维持控制权动机，公司在并购中偏好选择现金支付方式，而当债务融资受到约束时，往往被迫转让部分控制权来实现对目标公司的并购，即采用股票对价方式。Swieringa 和 Schauten（2007）以荷兰发生的并购事件为对象，他们得出了不同的结论，发现并购支付方式与债务比例无相关关系，而与公司规模、成长性、交易规模等因素有关。Harford（2009）和 Bharadwaj 等（2003）研究发现，以现金方式实施并购的企业，其杠杆比率显著增加，这说明企业实施并购时的资金主要来自负债筹资。

有关现金持有方面，Jensen（1986）认为，收购方拥有的自有现金越充足，实施并购交易时选择股票支付方式的可能性就越小。Zhang（2001）以伦敦股票交易所发生的 103 起并购事件为对象，研究发现股利支付水平越高，选择现金支付方式的可能性越大，而股利支付率作为公司自由现金流的代理变量，这一结果也表明公司自由现金流水平越高，并购中越有可能采用现金对价方式。

国内学者强莹（1998）、史红燕（2003）等在理论上系统分析了并购企业的支付方式。陈岩（2007）综合分析了公司财务杠杆、有形资产和相对交易规模等因素对并购支付方式的影响，认为企业财务杠杆与现金支付方式存在正相关关系。李善民（2009）考察了财务杠杆对并购对价方式的影响，结果发现，当主并方在并购前的财务杠杆较高时，实施并购时选择现金支付方式的可能性降低。苏文兵（2009）通过对现金持有水平与支付方式之间的关系进行研究，发现主并方在并购前持有的大量现金，增加了其选择现金支付的可能性。孙世攀等（2013）的研究也发现债务容量越大的企业，由于举债能力增强，并购时采用现金支付的可能性更大。

2.4 文献述评

通过回顾现有的相关文献，可以发现随着环境不确定程度的日益增长，越来越多的学者开始关注并投身于财务弹性理论与实践运用问题的研究。

在财务弹性影响因素方面，早期的学者们主要是从负债水平和现金持有水平两方面分别进行研究。其影响因素主要包括宏观经济环境、公司特征、行业特征和公司治理结构等。但一些学者认为，现金持有水平和负债水平是相互影响的，为了消除财务弹性内部的相互影响，应该将现金持有和负债水平作为一个整体纳入财务弹性的分析框架下进行研究。

近年来，这种将现金持有和资本结构割裂开来的研究逐渐发生变化，不少学者开始从战略角度思考财务弹性问题，将现金决策、资本结构及权益决策进行融合。对企业的整体财务弹性，从外部环境和内部特征来探讨其影响因素，如外部环境不确定性、内部现金流、未来投资机会、生命周期及前期投资比例等。但企业在衔接内部与外部环境时，也会影响资金的筹集和调度能力。因此，连接企业内外部环境的一些关系因素如政企关系、银企关系、商业信用等，也会影响企业的财务弹性，但鲜有文献从企业社会资本的角度来探讨这些关系因素对财务弹性的影响，这也为本书的相关研究提供了契机。

银企关系作为一种比较重要的社会资本，会影响企业的投融资行为，良好的银企关系可以缓解交易双方的信息不对称，降低交易成本，有助于企业从银行获取外源资金，改善投资效率。关于银企关联对企业资金储备决策的影响，学者们主要是从现金持有方面展开研究的。一些学者基于信号理论认为，紧密的银企关系向市场传递了积极的信息，企业会持有更少的现金；另一些学者则认为，由于道德风险和逆向选择的存在，企业有动机储备现金来避免融资成本的增加以及财务困境的出现。但未见有学者将现金决策和资本结构决策进行融合，就银企关联对企业整体财务弹性的影响进行相关研究。

企业的成长离不开资金储备的保障。关于财务弹性与企业内部成长方式——研发投资的关系，学者们首先从融资约束角度进行了研究，普遍认为融资约束抑制了企业的研发投资。此外，大量学者从融资来源角度对研发投资的影响进行了研究，包括现金持有、负债和股权融资三方面的内容。在现金持有方面，大量的学者认为企业储备一定的现金水平，可以平滑研发投资，能够缓解企业的研发融资约束。关于负债水平对研发投资的作用，学者们的研究结论不一致，存在三种观点：第一种观点认为，负债与研发投资呈负相关关系；第二种观点认为，负债与研发投资呈正相关关系；第三种观点认为，负债与研发投资之间的关系具有不确定性。关于股权融资方面，学者们普遍认为，股票市场作为融资渠道的重要组成部分，对上市企业研发资金的筹集发挥着不可替代的作用。综合分析学者们的研究成果，我们发现企业的任何一种资金来源都会对研发投资活动产生影响。但鲜有文献从企业整体财务弹性的视角，研究其对企业研发投资的影响，更未见有学者从社会资本视角，将银企关联、财务弹性和研发投资纳入同一框架进行深入的研究。

同样，关于财务弹性与企业外部成长方式——并购活动的关系，学者们也主要从融资约束和融资来源角度，分别研究其对企业并购决策和并购支付方式的影响。学者们认为，企业的融资能力会显著影响并购交易活动，无论是现金持有还是负债融资都会对并购决策及支付方式的选择产生影响。但鲜有文献从企业整体财务弹性的视角，研究其对并购活动的影响；也未见有学者从社会资本角度，将银企关联、财务弹性和企业并购纳入同一框架进行更深入的研究，这些都为本书的相关研究提供了较好的契机。

第3章　理论基础及制度背景

3.1　基本概念界定

3.1.1　财务弹性

早期在我国古代思想家老子的《道德经》中就有关于柔性思想的表述，“天下之至柔，驰骋天下之至坚”。20世纪30年代，学者们开始对柔性理论进行研究，最具代表性的是Hart关于经济周期波动对企业的影响研究，之后柔性理论与生产实践相结合，得到极大的发展和广泛应用。柔性理论与财务管理相结合就产生了财务柔性，也称为财务弹性。关于财务弹性的定义，不同的学者有不同的观点和表述。

国外学者对于财务弹性主要是从其产生的经济后果方面来定义的。一些学者认为，财务弹性具有预防作用，他们主要强调财务弹性应对环境不确定方面的能力。1978年Heath将财务弹性定义为，当企业面临现金流不足，处于财务困境时，财务弹性使企业能够迅速做出反应，消除现金不足给企业带来不利影响的能力。美国会计师协会（AICPA，1993）从现金流的收支角度，对财务弹性做出了定义，他们认为，财务弹性是企业消除所需的预期现金支出超过预期现金流入的能力。美国财务会计准则委员会（FASB，1984）将财务弹性的定义更推进一步，认为财务弹性是一个实体通过改变现金流的数量和时间等有效行动，对非预期的需求和机会做出迅速反应的能力。这一定义不仅仅注重现金流量的作用，而且更加强调财务弹性应对环境不确定的能力 。

另一些学者不仅关注财务弹性的预防作用，而且更加强调财务弹性对未来机会的有效利用。DeAngelo 和 DeAngelo（2007）认为，财务弹性是企业在正常时期采取低负债和高股利的手段，来保证其在非正常时期，能够较容易借入资金或获取投资者的投资，从而捕捉未来有利的投资机会。Gamba 和 Triantis（2008）也给出了类似的观点，认为财务弹性是企业在面临财务困境或出现有利投资机会时能够轻松筹集资金的能力。2013 年，Byoun 从提升企业价值的角度出发，对财务弹性进行了定义。他认为，财务弹性是企业在面对未来的不确定性时，能够迅速调动财务资源做出应对，从而实现企业价值最大化。

国内学者关于财务弹性的研究起步较晚，开始于 20 世纪末，对财务弹性的定义目前主要有两种观点：一种观点和国外学者一致，从融资角度强调财务弹性预防环境不确定和利用投资机会的能力。早在 1998 年，谢盛纹学者就提出了财务弹性是企业采取有效措施应对突发事项的现金需求的能力。姜英兵先后在 2002 年和 2004 年对财务弹性做出了定义，认为企业能够从超额现金持有和剩余举债方面，发挥财务弹性应对未来不利的冲击，以及抓住未来有利的投资机会的作用；财务弹性也是企业快速反应或适应内外环境变化的融资能力。葛家澍和占美松（2008）指出，财务弹性使企业能够通过调整财务策略，改变资金流入的数量和时间分布，从而能够应对意外的资金需求，把握有利的投资机会。企业可以根据资金的需求对资金的持有做出合理的储备，从而发挥财务弹性的作用，当企业所储备的资金大于需求时，其财务弹性作用较大，应对突发事件的能力较强。顾乃康、万小勇和陈辉（2011）也持有类似的观点，认为财务弹性是企业动用所持有的现金以及所保留的融资能力，来捕捉未来投资机会或应对未来不确定事件冲击的能力。

另一些学者持有不同的观点，他们从管理和战略的角度对财务弹性进行定义，将财务弹性和其他管理理论相结合，使财务弹性的研究视角更广，内容也更丰富。赵湘莲和韩玉启（2004）从管理系统角度对财务弹性做出定义，认为相对于管理系统规范化的刚性，财务管理系统更应该具有弹性。桂峰等（2006）从市场竞争的角度进行定义，认为财务弹性企业通过储备超额现金和剩余负债能力可以提高企业竞争战略的灵活性，从而对产品市场业绩以及市场竞争力产生战略影响。赵华和张鼎祖（2010）从财务战略的高度，将财务管理弹性看作企业的一种核心竞争能力，是实现企业财务战略目标的重要路径。曾爱民（2011）从实现企业价值的角度，认为财务弹性是企业能够及时地以低成本获取和调动财务资源，以预防和利用环境不确定性，并最终实现企业价值最大化的能力。

可以看出，国内外不同机构和学者对财务弹性的定义，虽然角度不同，内容有所差异，但均将财务弹性视作是企业的一种能力，主要体现为应对未来不确定事件的冲击或把握有利的投资机会。综合借鉴这些定义，本书认为，财务弹性是企业能够及时以低成本获得资金重构，来应对未来环境不确定性和把握有利投资机会，从而实现企业价值最大化的能力。而且我们认为，财务弹性会受到企业内部和外部多种因素的影响和作用，是与企业的战略目标和管理实践相联系的。

3.1.2 银企关联

银行和企业作为当代经济的两个重要组成部分，二者之间的关系一直是学者们关注的焦点。银行作为金融中介的存在，任何组织都不可替代，企业的发展壮大更离不开银行的资金支持。Berger 和 Udell 早在 1995 年从私有信息角度，阐述了银企关联的作用，首先，银企关联的存在使银行可以了解企业，获得从市场上难以收集的私有信息；其次，银行与企业之间的长期合作交流，使彼此更了解，能够获得更多的私有信息；最后，通过银企关系取得的私有信息，具有专有性，只有交易双方知晓，其他银行无法获取。在现代社会中，银企关联已成为一种最重要的经济关系，对企业和社会发展发挥不可替代的作用。

学者们对银企关联的概念理解有广义和狭义之分。从广义上来讲，泛指二者之间的一切经济关系，包括信任关系、融资关系、控制权关系等；从狭义上来讲，特指银行与企业之间的信用关系，将银企关联看作一种信用契约关系。一些学者从金融关联的视角来定义银企关联，如邓建平和曾勇（2011）、杜颖洁和杜兴强（2013）把具有银行从业背景的高管定义为企业具有银行关联。

本书对银企关联的理解和定义，侧重于获取贷款的特征方面，认为银企关联是银行与企业之间形成的借贷信用关系或因借贷行为而保持的人际联系。一般地，银企关系紧密的企业将会从银行获得更多的融资便利性。结合文章的研究背景，本书采用上市企业高管的银行从业背景和银行债务比例来衡量银企关联关系。

3.1.3　研发投资

研发（R&D）是国际上通用的科技领域术语。对研发（R&D）的界定和测度开始于 20 世纪 40 年代，最权威的定义来自经合组织（OECD）和联合国教科文组织（UNESCO）。他们对研发（R&D）的定义可概括为：在科学技术领域，为增加人类文化和社会方面的知识总量，以及运用这些知识去创造新的应用，而进行系统的、创造性的活动，这些活动可以分为基础研究、试验研究和应用研究。

基础研究是为了探索大量事实或现象背后的基本规律和原理，而进行的理论或试验工作，属于定性研究范畴。试验研究是为了满足目标需求，依据新知识而创造新产品的研究工作。比较而言，试验研究更贴近实际需求，目的性更强。应用研发则以现有的基础理论和实践经验为基础，主要通过改变原有产品的生产工艺及流程，来提高产品质量，并获得更大收益，此类研发活动的特点是不涉及理论创新，研发风险小。

我国科技部和国家统计局将企业的研发投资定义为：企业在技术创新过程中，进行的基础研究、试验研究及应用研究等活动的所有经费投入。研发活动作为企业的一种内涵式成长方式，具有不同于一般生产经营活动的特点，包括创造性、探索性和继承性及不确定性等。此外，研发活动与实物投资相比，投资风险大，调整成本高，而且持续时间较长，因此需要持续不断的资金投入做保障。具体地，研发投入包括研发经费投入和研发人力投入。

在本书的研究中，对于企业是否有实际的研发资金投入这一问题，我们用研发投资意愿来衡量，并以企业实际的研发投入金额与营业收入的比值度量企业的研发投资强度。

3.1.4 并购概念

实践和学术研究中，对并购概念的理解有广义和狭义之分。广义上，并购等同于收购、接管、兼并、合并等概念。狭义层面的并购包含兼并和收购两层含义。兼并概念在《百科全书》中可以找到解释，指的是占有优势的企业吸收另一个或更多的企业，最终成为一家独立的企业。我国《经济法》也对企业兼并进行了定义，两个或者两个以上的独立企业，依据法律程序进行重新组合，成为一家具有法人地位的企业，这实际上就是我们常说的吸收合并。狭义层面的收购，通常是指一家企业通过购买另一家企业的资产或者股权，从而获得其对该企业的控制权。资产和股权是收购的两种对象，其中，股权方面的收购，主要是收购方作为被购方的股东，通过购买其股份实现控制的目的，在行使控制权的同时也要承担相关债务；而资产方面的收购，成为股东的收购方不需要承担被购方的债务问题。

本书所使用的“并购”是指狭义层面上的并购，即兼并和收购。并购是企业的外延式成长方式，通过并购交易，企业可以实现资源优化配置和产业的整合，提高经济的整体运营效率，实现跨越式发展。

并购交易的实现，离不开支付方式的合理选择。支付方式不仅决定并购成本的大小，也能反映交易双方的并购意图。所谓并购支付方式，是指主并方为了获取标的公司的控制权，对标的公司进行支付所采用的方式。国际上通用的支付方式包括现金支付、股票支付和混合支付，在我国还存在一些具有中国特色的支付方式，如资产支付、承债支付等。我国企业并购支付方式比较单一，以现金支付为主。

3.2 制度背景

3.2.1 企业内部和外部成长现状分析

（1）研发投资现状分析

研发创新是企业提升竞争力，国家增强综合国力，经济实现可持续增长的重要动力。科技研究与开发投入是科学技术进步和创新的重要环节，我国政府一直以来高度重视研发投入，并制定了一系列支持科技创新和促进研发投入的政策措施，特别提出了《国家中长期科学和技术发展规划纲要》，对我们国家科学技术发展的中长期目标做出规划，力争到2020年，国家全社会研发投入比例达到2.5%以上，科技进步对社会产出的贡献率超过60%，而对国外技术的依存度也要争取降低到30%以下。因此，作为我国研发主要载体的企业，要不断加大研发投入比例，提高自主研发能力，这将有助于我国产业结构层次的提升，有助于我国经济持续平稳的增长。

在我国政府的科技政策指引下，企业等研发主体的创新热情不断高涨，从表3-1可以看出，2008—2015年，我国上市企业的创新意识正不断增强，开展研发投资活动的企业占比从2008年的8.1%逐年上升到2015年的26.5%。八年间，开展研发活动的企业占比增加3倍多，这说明越来越多的企业开始重视研发创新活动。

表3-1　上市企业研发活动年度分布

年　度	2008	2009	2010	2011	2012	2013	2014	2015	合　计
开展研发活动上市企业数量	98	176	209	327	479	558	560	599	3006
未开展研发活动上市企业数量	1108	1145	1207	1411	1555	1693	1685	1655	11459
开展研发活动上市企业所占比例（%）	8.1	13.3	14.8	18.8	23.5	24.7	24.9	26.5	20.7

表 3-2 列示了我国上市企业 2008—2015 年研发投资力度的统计结果。从表 3-2 可以看出，2008—2015 年，我国上市企业研发投入总体水平正逐年得到改善。2008 年上市企业的平均研发投资强度最低，仅为 1.4%，自 2009 年开始逐年增加，到 2012 年达到 3.4%，增幅较明显，近几年来一直不低于 3.4%，保持稳定的投资力度。当然这与我国企业开始重视研发投资活动、提高竞争能力有关，但也离不开国家在政策上的引导作用，如 2008 年我国出台的《企业研究开发费用税前扣除管理办法》，就研究开发费用的处理做出分类核算标准。发达国家的研发经验表明：企业在发展过程中，想要维持基本生存，其研发投资力度（研发投入占到营业收入）不得低于 2%，而要想获得较强的竞争力，其研发力度必须在 5%以上，如果企业的研发投资强度仅为 1%或者更低，那么企业只能被淘汰。欧美发达国家企业的研发投资强度一般保持在 5%左右，高科技企业较高，可以达到 10%左右，有些行业的企业甚至高达 20%以上。我国上市企业的研发投资强度均值仅为 3.4%左右，和发达国家相比，总体偏低，这会严重阻碍我国科技和经济的持续、快速发展，以及综合国力的提升。另外，从标准差、最大值和最小值来看，我国上市企业之间存在明显的研发投资差异，2008—2015 年其差异有不断增加的趋势，2008 年的标准差是 0.018，最大值是 0.092，最小值是 0；而到 2013 年其标准差增加为 0.047，最大值和最小值分别为 0.247 和 0，差异较大，说明我国上市企业在研发创新方面的投入存在严重的不均衡现象，而且近年来更为凸显。

表 3-2　上市企业 2008—2015 年研发投资力度分布

年　度	2008	2009	2010	2011	2012	2013	2014	2015
均值	0.014	0.015	0.019	0.027	0.034	0.035	0.035	0.034
中位数	0.008	0.007	0.009	0.014	0.023	0.020	0.019	0.019
标准差	0.018	0.024	0.027	0.036	0.044	0.047	0.046	0.046
最大值	0.092	0.247	0.171	0.247	0.247	0.247	0.247	0.247
最小值	0	0	0	0	0	0	0	0
样本数	98	176	209	327	479	558	560	599

进一步，按照产权性质来分组统计，结果见表3-3和图3-1。由统计结果可知，自2008年以来，无论国有企业还是非国有企业，研发投资力度均呈上升态势，国有企业从2008年的1.3%增加到2015年的2.7%，非国有企业从2008的1.4%增加到2015年的3.7%，相对来说，增长幅度更大，从各个具体年度来看，非国有企业的研发投资强度也明显高于国有企业，2013年相差近2个百分点，且各年间的差距有不断扩大的趋势。

表3-3　不同产权性质的上市企业2008—2015年研发投资力度分布

	年　度	2008	2009	2010	2011	2012	2013	2014	2015
国有企业	均值	0.013	0.011	0.014	0.020	0.026	0.024	0.023	0.027
	样本数	52	97	106	129	167	194	205	203
非国有企业	均值	0.014	0.019	0.024	0.032	0.039	0.042	0.039	0.037
	样本数	46	79	103	198	312	364	355	396

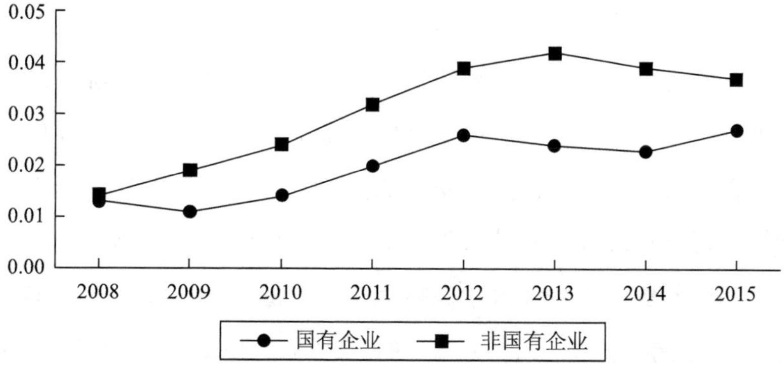

图3-1　不同产权性质的上市企业2008—2015年研发投资力度趋势

综上可知，研发活动对科技创新和经济增长的重要性，近年来越来越受到我国政府和企业的重视。我国企业的创新意识在不断增强，研发投入力度逐年加大，但和发达国家相比，仍有很大差距，有待进一步提高。不同企业间的研发经费投入存在较为严重的不平衡现象，而且近年来更为凸显。从产权性质来看，国有企业和非国有企业的投入强度相差较大，非国有企业的研发投资强度明显高于国有企业，且有不断扩大的趋势。

（2）并购投资现状分析

并购是一个永恒的话题，西方国家的经济发展共经历了五次并购浪潮，最初发生于 1893 年经济大萧条后，以横向并购为主，主要发生在经济发达的美国、英国、德国等资本主义国家。第一次世界大战之后，战后经济重整与生产力扩张推动了第二次并购浪潮，此阶段以纵向并购为主，通过兼并其上下游公司形成托拉斯组织。第三次并购浪潮发生在第二次世界大战之后，科技革命的兴起和生产力的发展使此次并购活动的时间更长且规模更大。据统计，20 世纪六七十年代，共发生并购事件两万五千多起，并且以跨行业并购和多元化发展为主要形式。第四次并购浪潮延续了整个 20 世纪 80 年代，出现强强并购的现象。之后在 20 世纪 90 年代初，在经济全球化和世界经济一体化进程中，兴起了新一轮并购浪潮，跨国并购成为主要的形式。

在我国，1993 年的“宝延之争”（深宝安收购延中实业）拉开了中国上市企业并购的序幕，之后并购的浪潮和并购的热情不断高涨。随着资本市场发展的不断成熟，相关法律制度的逐渐完善，我国上市企业的并购重组活动日益频繁。我们依据国泰安并购重组数据库，对我国上市企业并购交易数据进行整理统计，其结果见表 3-4。可以看出，2008—2014 年，我国实施并购交易的上市企业数量保持稳步上升的态势，2008 年，有 527 家企业发动了并购，占上市企业总数的 42.6%；2012 年，达到了 699 家；2014 年，增加为 819 家。并购重组已经越来越为企业所青睐，逐渐成为我国上市企业的一种重要成长方式。另据统计，仅 2015 年中国并购市场交易金额达 28000 多亿元，同比增长 16.6%。但从目前市场发展状况来看，我国并购市场仍处于发展初期，并购交易额占 GDP 的平均比例不足 3%，远远低于美国 10%的比例，从这个角度来看，我国的并购市场还有很大的发展空间。

表 3-4　上市企业并购交易年度统计

年　度	2008	2009	2010	2011	2012	2013	2014	合计
发动并购上市企业数量（家）	527	503	556	627	699	779	819	4510
未发动并购上市企业数量（家）	710	826	876	1118	1329	1470	1416	7745
发动并购上市企业所占比例（%）	42.6	37.8	38.8	35.9	34.5	34.6	36.6	36.8

因此，我国上市企业应该继续推进并购交易活动，以实现跨越式发展。同时，并购作为企业的一种大额投资行为，需要强有力的资金支持。而在当前我国经济转轨时期，资本市场和法律制度的不完善、不健全，导致上市企业的融资渠道不畅，这在一定程度上制约了我国并购市场的快速发展，所以我国上市企业还需要做出合理的资金储备决策，以减缓并购市场的融资约束。

企业要顺利完成并购交易活动，需要选择合理的支付方式。国际上通用的支付方式包括现金支付、股票支付和混合支付，在我国由于企业并购市场化程度较低，很多并购都是政府主导，所以存在一些具有我国特色的支付方式，如资产支付、承债支付等。我们基于国泰安并购重组数据库，对我国上市企业 2008—2015 年的并购数据进行统计和整理，绘制成了表 3-5 和图 3-2。通过对 2008—2015 年的六种支付方式比较，可以看出现金和股票是我国上市企业实施并购的主要对价方式，其中现金支付方式所占的比例最大。此外，混合支付方式近三年有上升趋势。

进一步而言，对于现金支付和股票支付方式，我们按不同年份进行对比分析，其结果见图 3-2。根据图 3-2，可以看出我国上市企业实施并购时，现金支付的数量远大于股票支付的数量。无论是在种类上还是在数量上，我国企业并购支付方式都存在支付方式较为单一，且以现金支付为主的问题。这可能是由于在我国的并购实践中，企业往往追求现金支付带来的简单快捷，以及我国资本市场发展不完善等原因，现金支付长期占据绝对主流。

表 3-5　我国上市企业 2008—2015 年并购支付方式统计

年　度	现金支付	股票支付	资产支付	承债支付	混合方式	其他方式
2008	503	62	2	1	10	0
2009	446	63	4	4	8	2
2010	573	41	1	2	5	0
2011	653	27	0	0	5	2
2012	702	58	1	0	15	1
2013	653	75	1	0	64	0
2014	625	90	0	0	163	2
2015	759	144	2	0	235	0

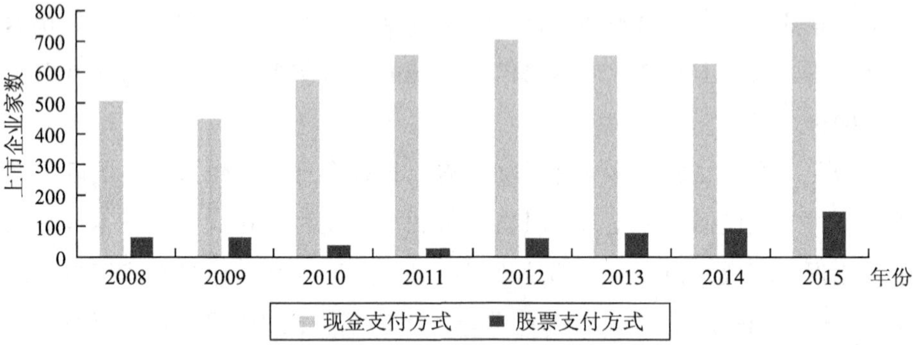

图 3-2　我国上市企业 2008—2015 年现金支付和股票支付方式比较

资料来源：以上数据来自国泰安上市公司并购重组数据库。

在并购实践中，并购主体和并购类型的不同，要求并购支付方式必须多元化，而不能过度依赖某种支付方式。单一使用现金支付方式，在当前并购规模越来越大的背景下，企业在内源资金储备不足时，往往会增加负债比例，最终可能被迫接受各种限制性条款或使正常经营活动受到影响。同时，也可能会使企业在并购后期由于资金匮乏而导致整合失败。因此，我国上市企业需要预先做出合理的资金储备策略，适当地调整现金为主的对价方式。

3.2.2 我国上市企业财务弹性储备状况分析

财务弹性体现了企业通过事前财务调整，所获得的应对未来不确定性事件的资金重构能力。在激烈的市场竞争环境中，如何制定科学、有效的财务政策，增强抵御环境不确定性带来的风险能力，已经成为企业发展中非常重要的问题。财务弹性作为企业的一项财务资源，包括对外可利用的剩余举债能力和内部资金储备，是企业潜在的可利用的自身价值资源。如果外部环境发生变化，企业可以通过储备的财务弹性，来缓解其外部融资约束，抓住有利的投资机会，实现公司价值的提升。

表3-6反映了我国上市企业2007—2015年财务弹性的储备情况。从表3-6可以看出，我国上市企业的财务弹性平均持有量为12.5%，表明我国上市企业总体上持有一定量的财务弹性，标准差为0.317，最大值和最小值分别为1.733和-0.230，说明各企业间的财务弹性储备水平差异较大，有的企业储备了较高的财务弹性水平，而有的企业则较低。从各个年度来看，我国上市企业的财务弹性的平均持有量在2010年前后变化较大，2007—2009年财务弹性水平保持在高位，不低于21%，2007年甚至高达24.8%；而在2010—2015年，上市企业的财务弹性水平较低，基本保持在10%左右，不高于12%，特别是2010年仅为7.9%。这可能是金融危机对我国上市企业的财务弹性储备水平产生了重要的影响，2007年美国次贷危机引发了全球的金融危机，对企业的内外融资形成冲击，一方面，金融危机使内部经营性现金流减少；另一方面，外部资本市场股票价格下跌影响权益资金筹集，同时，信贷市场上存在银行严重惜贷的状况。因此，金融危机使企业受到更为严重的融资约束。为了应对这种外部环境的变化，我国上市企业在2007—2009年储备了较高的财务弹性水平，以避免陷入财务困境。2010年后，经济复苏，企业的外部环境改善，于是降低了财务弹性的储备水平。从中也可以大体看出，企业储备财务弹性的行为在很大程度上会受到内外部环境等因素的影响，是一个企业适应环境的过程。

表 3-6　我国上市企业 2007—2015 年财务弹性储备现状

年　度	2007	2008	2009	2010	2011	2012	2013	2014	2015	合　计
均值	0.248	0.225	0.219	0.079	0.086	0.092	0.091	0.112	0.083	0.125
中位数	0.065	0.066	0.039	-0.017	-0.002	0.015	0.026	0.032	0.033	0.029
标准差	0.464	0.448	0.500	0.292	0.263	0.238	0.212	0.258	0.178	0.317
最大值	1.733	1.733	1.733	1.733	1.051	1.176	1.162	1.733	0.991	1.733
最小值	-0.229	-0.229	-0.229	-0.229	-0.229	-0.229	-0.229	-0.229	-0.220	-0.230
样本数	1158	1272	1360	1488	1806	2138	2259	2289	2273	16043

表 3-7 和图 3-3 反映了不同产权性质的上市企业在 2007—2015 年财务弹性水平的对比情况。可以看出，总体上无论是国有企业还是非国有企业，其财务弹性储备水平在金融危机前后发生明显变化，危机期间（2007—2009 年）企业储备的财务弹性显著高于经济正常期（2010—2015 年）的财务弹性水平；从分组来看，非国有企业的财务弹性平均持有水平为 0.156，明显高于国有企业的 0.084，从各个年度来看，不同产权性质的上市企业的财务弹性储备水平差异较大，国有企业明显低于非国有企业。这说明上市企业的财务弹性储备水受到我国特殊的产权制度背景的影响。在我国，产权性质不同的企业所承受的融资约束程度不同（Chow 和 Fung，1998），相比非国有企业，国有企业能够得到政府更多的财政补贴（Lin 和 Tan，1999），向银行贷款时，可以获得低息贷款（Li 等，2009）及股市融资的支持（林毅夫和李志赟，2004）等。因此，相比非国有控股企业，国有控股企业面临的融资约束较小（Chow 和 Fung，1998），也更倾向储备较低的财务弹性水平。

从上述分析我们可以看出，我国上市企业为了应对外部环境不确定性，已经在企业内部建立起了储备财务弹性的财务制度。在激烈的市场竞争和变化莫测的外部环境中，企业的经营活动面临巨大的不确定性，会出现各种困境，如不能如期偿还债务或资金周转不灵，甚至面临破产的境地。公司一旦破产则不能继续经营下去，只有那些能够抵御不可预期的风险并适应外部环境的企业，才能够继续生存和发展。因此，企业在经营活动中应该重视和关注不确定性所带来的风险。财务弹性是企业应对外部环境变化与市场竞争压力的缓冲剂，通过储备适量的财务弹性，能够有效把握有利的投资机会，避免不利冲击，使企业具备更强的投资扩张能力，获取最大收益，从而使企业实现持续、快速、健康的发展。

表 3-7　不同产权性质的上市企业 2007—2015 年财务弹性储备水平对比

	年　度	2007	2008	2009	2010	2011	2012	2013	2014	2015	合　计
国有企业	均值	0. 224	0. 197	0. 187	0. 025	0. 009	0. 012	0. 032	0. 068	0. 051	0. 084
	样本数	668	695	737	749	783	845	853	848	837	7015
非国有企业	均值	0. 280	0. 259	0. 255	0. 134	0. 146	0. 144	0. 127	0. 138	0. 101	0. 156
	样本数	490	577	623	739	1023	1293	1406	1441	1436	9028

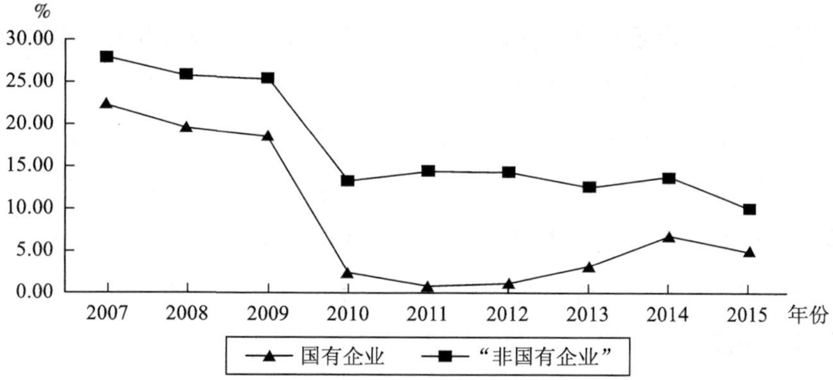

图 3-3　不同产权性质的企业 2007—2015 年财务弹性储备水平变化趋势

3. 2. 3　银企关系的制度背景

国际上存在两种银企关系模式，一种是以美、英为代表的市场模式；另一种是以日、德为代表的银行型模式。市场模式下的银企关系实际上是在企业与银行之间建立了一种市场机制关系，这种机制有利于银行防范来自企业的经营风险和道德风险，同时，银行间的激烈竞争也给企业提供了更多的融资选择机会，降低企业的融资成本。但在这种模式下由于银行对企业的监管较少，银企间存在较为严重的信息不对称，使企业的间接融资成本增加。以日、德为代表的银行型模式下，银企间的信息不对称程度较低，企业的间接融资成本较低。但这种模式存在的缺陷是，银行要承担来自企业的经营风险，甚至会陷入金融危机的困境。

我国银行制度的改革始于计划经济下的“大一统”体系，在该体系下银行与企业之间是一种配额交易关系，以政府的指令计划为核心。随着改革的不断深入，银行与企业间的关系发生了变化，指令计划性逐渐减少，市场化不断增加。改革开放至今，我国的银企关系制度大致经历了以下几个历程：

第一阶段：大一统阶段。改革开放后，市场经济的发展推动统一的商业银行体系的建立，国家成立了中国人民银行及四大专业银行，这一阶段的银企关系主要体现为以政府指令计划为核心的配额交易关系。

第二阶段：市场化发展阶段。从1984年国有专业银行开启了企业化改革的探索，银行开始从专业化向企业化转变。但直至1992年之前，国有专业银行的信贷权力极其有限，仍然以政府的计划配额为主导。1993年之后形成国有独资商业银行阶段，政府推出了一系列的措施，对银行进行市场化改革，如对银行补充了大量的资本金，并成立了四大资产管理公司，剥离了银行的不良资产。通过这些举措，政府的干预逐渐被弱化，而市场的作用得以加强。

第三阶段：股份制改革阶段。自2003年以来，随着银行的市场化改革，行政色彩不断弱化，出现各种新兴的商业银行和金融机构，形成了金融竞争格局。但在国有商业银行中仍然存在政银不分、产权不明等现象（吴军和白云霞，2009）。商业银行在资金配置过程中仍然存在服从政府意愿的倾向。为此，我国政府于2004年对中国银行和中国建设银行入资四百多亿美元，对其实行股份制改革。之后四大国有银行都纷纷成功上市，实现了国有银行的产权变迁。

近年来，随着经济的发展，我国金融体制和法律制度的不断完善，出现了各种形式的外资银行以及商业银行，我国银行业的市场竞争格局逐步形成。但国有银行和国有企业之间的债权债务关系模糊，存在千丝万缕的联系，国有企业对国有商业银行仍然存在一定程度的依赖性，而非国有企业与银行之间关系处于长期割裂的状态，非国有企业由于自身规模较小，与银行之间的信息不对称程度更加严重，在融资过程中存在一定的信贷歧视。

3.3 理论基础

3.3.1 信息不对称理论

传统经济学假设“经济人”拥有完全的市场信息，所有决策是在确定条件下进行的最优决策，市场是有效的，不存在投资风险和交易费用等问题。信息经济学认为，这只是理想状态，在资本市场中，参与交易的双方拥有的信息在数量和质量上有明显差异，存在信息不对称问题。信息不对称是指各交易主体关于某项交易活动，获取的相关信息不具有对等性，部分交易主体比其他主体掌握了更多的信息，在交易活动中处于优势地位。关于信息不对称理论主要有以下两种解释：一是市场交易信息的分布在交易双方间是不对称的；二是交易主体很明确自己在信息掌握程度方面的相对状况，而这种不对称的相对状况会导致发生逆向选择和道德风险问题，这些问题将严重降低市场的运行效率甚至使市场交易完全停顿。

逆向选择是指代理人利用委托人对信息的不知情，通过隐瞒信息获得额外收益，逆向选择会导致资本市场价格扭曲、市场交易效率低下。市场失灵下的逆向选择，信息劣势方缺乏足够的信息进行交易决策，只能通过市场判断得出交易的平均价格，导致质量高的产品因交易价格低而退出市场，最后市场只剩余次品，这就是“劣币驱逐良币”效应。道德风险是指代理人利用其拥有的信息优势采取委托人无法观测和监督的隐藏性行为，导致委托人损失或代理人获利。道德风险是信息优势方在增进自身效用时做出不利于信息劣势方的行为。道德风险的存在会增加交易成本，使交易风险变大。

在不完美的资本市场中，交易主体的相关决策会受到信息不对称问题的影响。当企业面临较好的投资机会，企业内部保留的资金不能满足投资需求时，需要向外部进行融资，如果此时市场的信息不对称程度较为严重，那么企业从外部获得资金的成本会较高，即外部融资成本高于内部资金成本。于是，企业会更倾向于从内部筹集资金而不是从外部进行直接或间接融资，来满足投资需求。如果当企业的内部资金不能满足投资需求，向外部融资时又受到一定程度的限制时，那么这时企业就会产生融资约束问题。

储备财务弹性的企业，首先，可以通过持有的超额现金来满足投资需求；其次，通过低财务杠杆，增强剩余举债能力，从而弥补企业因内部资金不足而失去投资机会的劣势。另外，当企业保持较低财务杠杆时，股东会获得更多的剩余收益，将更有动机进行投资，从而使企业获得了更多的权益资金。因此，企业可以通过储备合理的财务弹性，获得有效的资金重构，来缓解可能面对的融资约束，从而满足企业成长的需要。

根据融资优序理论，当企业的现金持有水平较高时，其外部融资需求会降低，企业更偏好于内部融资，即内外部资本市场间呈现反向的关系。但大量的研究发现，当企业的融资约束较严重时，内外部资本市场则呈现出互补的关系。即企业不仅会通过内部资金来满足投资需求，也会通过外源融资加以补充，以避免资金短缺情况的发生，财务弹性正是这种思想的体现。财务弹性的存在使企业储备了较为充足的资金，从而缓解企业未来可能出现的资金约束。

3.3.2 委托代理理论

现代企业管理的最大特点是两权分离，即所有权与控制权的分离。企业所有权和经营权的分离有其必然性，在现代企业制度下，由于单个股东的持股比例较低，让所有股东直接参与企业的管理与决策又存在很大的限制，因此，只能通过选聘职业经理人来对企业进行管理与决策。由于委托人和代理人的目标函数不一致，代理方为实现利益最大化的目标，往往利用信息优势损害委托方利益，由此产生了委托代理问题。

Jensen 和 Meckling（1976）将委托代理关系定义为：一位或几位委托人雇佣并授权给另一位代理人，代其行使某些特定行为的契约关系。他们认为，委托代理问题普遍存在于企业之中，包括以下三项成本：委托人的监督成本和代理人付出的保险成本及剩余损失成本。在现代企业中，委托代理问题表现为不同主体之间的利益冲突，主要有三大类。第一类是股东和管理者间的利益冲突；第二类是股东和债权人间的利益冲突；第三类是股东与外部利益相关者之间尤其是中小股东之间的冲突。

Jensen（1986）从自由现金流假说的角度，进一步论述了代理理论的合理性。他认为，当企业拥有较多的自由现金流量时，管理层通常会选择将多余的现金用作投资，而不是将其发放给股东，即使他们预期这种投资可能会获得较低的收益。管理层做出这一选择，主要是由于与股东目标函数的不一致造成的。一方面，管理层通过增加其可支配的自由现金流，不断扩大其投资；另一方面，股东对其自由现金流采用各种限制和监管措施，如股利政策，现金持有政策等，但这些又会增加企业的代理成本。

除了股东与管理者之间的股权代理成本外，还包括债务融资的代理成本。债务的主要特点是到期还本付息，债务融资能够为公司带来一定的收益，同时，债务的存在，在一定程度上对管理者起到激励和监督的作用，但债务融资也会增加企业的代理成本。因为信息不对称的存在，企业的所有者与债权人之间存在利益冲突，股东在企业债务融资后，将负债资金投资于高风险高收益项目，投资成功后，将获得高额回报，而债权人仅获得固定收益，如果投资失败，债权人则要承担损失。因此，股东更易在博弈中获得好处，而债权人对股东投资行为较难实行监督，从而产生资产替代效应，使股东更愿意将资金投向高风险的项目。

这些内容亦是本书论证财务弹性及其影响因素的重要理论基础。虽然企业财务弹性资源筹集越多，财务弹性水平会越高，但过高的财务弹性水平同时也带来了较高的代理成本。按照代理理论的观点，当企业现金持有量比较高时，现金的机会成本也会较高，同时，企业滥用现金的可能性会增加，企业的监督成本就会上升。较低的负债水平会降低债务对企业的硬约束，进而也会增加对管理层的监督成本。因此，我们要以科学的态度对待财务弹性。

3.3.3 社会资本理论

社会资本是社会学的一个概念，Pierre Bourdieu（1986）首次系统地阐述社会资本，他认为，社会资本是社会网络成员或群体拥有的实际和潜在的资源总和，并指出对社会资本的理性投资总会是有利可图的，社会资本具有高度的自我增值能力，如果能够运用得当，它将会是高度生产性的。之后，学者们对社会资本的认识和理解不断丰富和深化。在当今信息网络经济时代，社会资本在经济和社会发展中的重要地位和作用正日益凸显。

目前，关于社会资本的本质，众多学者分别从经济学、社会学和管理学等不同角度进行了大量研究，得出了几种不同的观点，主要包括资源观、能力观、功能观和关系观，其代表学者和主要观点如表 3-8 所示。

表 3-8 社会资本理论主要观点及代表作者

	主要观点	代表学者
资源观	把社会资本定义为社会网络成员或群体拥有的实际和潜在的资源的总和，利用这种资源能够获得利益、回报、网络和信任等	Bourdieu（1985）；Baker（1990）；Nahapiet and Ghoshal（1997）；Andrew and Klaus（2009）；张其仔（1997）
能力观	将社会资本看作归属于某一社会网络和结构的行为主体，通过其成员身份，获得相关利益的能力；社会资本是企业通过各种联系方式如纵向联系、横向联系和社会联系来获取稀缺资源的能力	Fukuyama（1995）；Portes（1998）；边燕杰和丘海雄（2000）；陈爽英和井润田等（2010）

续表

	主要观点	代表学者
功能观	主要强调社会资本的功能属性，Coleman 在《社会理论的基础》一书中详细地阐述了社会资本。他认为，社会资本可以为个人拥有，并且社会资本与其他形式的资本一样具有生产性；行动者是否拥有社会资本可能会决定其能否实现某些具体行动。他强调社会结构对经济个体的影响，同时，社会资本对经济和社会具有治理作用	Coleman（1988）
关系观	将社会资本看作一种社会关系，这种关系有助于提高或获取技巧，类似于会计中的金融资产，能够增加企业的财富总量；社会资本是一种社会关系网络，这种关系网络不仅会影响个人行为而且还会影响社会经济的增长	Loury（1992） Burt（1992） Pennar（1997） 刘林平（2006）

可以看出，学术界对社会资本理论并没有达成一致的认识，但都认为社会资本具有一定的复杂性，有某些共同的特点。从关系属性来看，社会资本是一种非正式的关系，组织成员之间更多的是依靠文化、信任和习俗等因素来协调和约束。从其功能和作用来看，社会资本可以促进交易双方之间的信任，能够降低交易双方的信息不对称程度；社会资本还可以为其拥有者带来现实的或潜在的利益。

中国是一个关系本位的社会，特别重视和使用各种社会网络关系来实现各类目的。在我国特殊的文化制度背景下，关系渗透各个层面的业务活动中。由于相对较弱的和欠缺的法律监管环境，关系在中国的商业文化中相当盛行。企业作为经济活动的主体，不可避免地会和其他主体形成各种关系链条。例如，企业和政府、银行、供应商等之间会形成政企关系、银企关系和商业信用等。这些关系链条构成了企业的社会资本，有助于企业克服经营过程的体制障碍或免受国家相关监管政策变化带来的伤害。

银企关系是在企业与银行的日常业务活动中不断形成并发展起来的，是一种比较重要的企业社会资本形式。企业通过与银行建立良好的联系，构建起银行关系资本，形成了专有的关系性资源，通过关系资本的建立来抵消信贷歧视的影响，缓解企业的融资约束。现有的研究已经表明，银企关联有助于银行对企业财务信息的了解，缓解银行与企业之间的信息不对称，降低交易成本，方便企业从银行获取资金，保持财务灵活性，国外学者 Diamond（1984）、Fama（1985）、Berlin 和 Loeys（1988）的研究均支持上述观点。本书研究银企关联的相关内容可以用社会资本理论来解释。

3.3.4 企业成长理论

关于企业成长的动力和源泉，大量的学者从不同的角度进行了广泛地研究和探讨，形成并建立了经典的企业成长理论，如潘罗斯内生成长理论、演化经济学理论、新古典和新制度经济学理论等，其研究成果极其丰富。但总体来看，根据企业实现成长的路径，大致可以将已有的学术成果分为两大类，即企业内生成长理论和企业外生成长理论。

3.3.4.1 企业内生成长理论

一些学者从企业内部因素来研究和探讨企业的成长问题，他们认为，企业的成长是内生性的，企业的资源、能力和知识等内部因素是企业成长的主导和决定性因素，企业必须不断积累这些资源和能力，提高竞争力，才能实现成长。其经典理论包括有潘罗斯的内生成长理论、管理者理论、制度变迁和演化经济学的企业成长理论以及资源基础和学习型组织的企业成长理论。

（1）潘罗斯内生成长理论和管理者理论

企业内生成长理论源于亚当·斯密的劳动分工思想，亚当·斯密在《国富论》中用规模经济利益解释企业成长问题，认为劳动分工会影响生产效率。1920 年，马歇尔基于各职能部门的差异分工思想，提出了职能工作的分解有助于产生各种专门的技能和知识，并建立了企业内部技能及知识的成长理论。在此基础上，潘罗斯（1959）形成了较为系统的企业内部成长理论，构建了关于企业资源、能力和企业成长的分析框架，深入分析了企业成长的驱动力。她将企业看作资源的集合，认为企业成长的动力源于其内部资源，包括人力和物力资源，并将企业资源和能力看作提高企业核心竞争力的主要源泉。随着现代企业所有权和经营权的分离，形成了关于企业成长的管理者理论。其主要观点是，在现代企业中，由于所有者和管理者身份的分离，企业的管理者对企业拥有实际的控制权，出于自身利益的考虑，管理者将企业成长的目标设定为追求管理阶层自身的效用最大化而不是利润最大化，并在此基础上探讨和研究影响企业成长的因素。

（2）企业制度变迁的内生成长理论

钱德勒从组织制度方面对企业成长的动力进行了探讨和研究，将企业的成长归因于制度的创新。他通过经验研究发现，现代工商企业的一个最大特点是管理制度的层级化。制度变迁是企业经营规模化的产物，同时，也会促进企业经营的规模扩张。他指出，企业往往可以通过两种规模扩张方式（或制度创新）来实现企业的生存和持续发展。一方面，基于运输和通信技术的变革，大量经销商品的现代企业涌现，使企业可以通过分配规模化获得成长；另一方面，生产技术方面的进一步突破，使企业通过生产规模化实现生存和持续发展。威廉姆森（Williamson，1985）则从组织结构角度对企业的成长进行了研究，他指出组织结构的演变会促进企业的成长，而且不同组织形态的效率也是企业持续发展的动力。

（3）基于演化经济学的企业内生成长理论

尼尔逊和温特基于演化经济学思想，建立了企业成长的演化理论，强调在变动的市场环境中企业如何获得成长。他们认为，企业是生产性知识和能力积累的载体，企业的未来发展取决于知识和能力的积累状态。在现实中，企业是由利润推动的，而不是利润最大化的生产者。在环境选择机制下，企业现有惯例或知识基础决定了企业成长的方向和模式，也决定了企业之间竞争性行为的结果。

（4）以资源为基础的企业成长理论

自 20 世纪 80 年代以来，许多学者基于企业内部资源视角讨论了企业的内生成长问题，主要代表人物是德姆塞茨（Demsetz）、普拉哈拉德与哈默（Parahalad 和 Hamel）和巴尼（Barney）。德姆塞茨认为，在考虑其他因素的影响下，企业为内部知识的积累所花费的开销，在一定程度上影响企业的多元化程度。普拉哈拉德和哈默指出，企业间的不断模仿和竞争性活动是企业获得成长的重要方式，而这些活动依赖企业内部核心知识和能力的快速而有效地积累。巴尼则认为，企业实施竞争性战略的关键性资源，很难以公开市场方式获得，通常是企业内部长期发展的结果。

（5）基于学习型组织的企业成长理论

健全的内部学习机制，既是企业获得核心竞争力的关键，也是企业长期进步和发展的基础。学习型组织理论认为，现代企业是一个学习型组织，组织通过不断的学习，可以了解顾客的需求，研究设计新产品；可以了解对手的情况，并调整自己的竞争策略；可以通过制度创新开发智力资本等。因此，学习型企业主要通过自我调整并不断适应外部环境的方式而获得生存与发展。

3.3.4.2　企业外生成长理论

有些学者从外部因素方面对企业的成长动力进行研究，他们认为，企业的成长是外生的，外部因素在企业的成长过程中具有重要的作用，特别强调市场因素对企业成长的决定性作用。代表性理论有新古典经济学和新制度经济学的外生成长理论以及竞争优势理论。

（1）新古典经济学的外生成长理论

该理论的核心思想是将追求规模经济作为企业成长的驱动力，将企业看作一个生产函数，企业内部的复杂安排均被抽象掉，企业成长就是企业调整产量达到最优规模的过程，而且这个过程是在利润目标既定，所有约束条件已知的情况下进行的，是根据最优化规则进行的被动选择。新古典成长理论认为，企业成长的基本因素都是外生的，企业通常依据成本或需求变化，适时地调整生产规模。

（2）新制度经济学的外生成长理论

新制度经济理论认为，企业的成长就是企业边界的扩大，将企业成长的动力归于市场交易费用的有效节约。该理论的代表性人物科斯认为，企业在市场中开展活动，会产生诸多交易费用，如签约、履约和违约等相关费用，企业通过上述市场交易费用与内部协调管理费用的均衡，来确定企业的边界。威廉姆斯从资产专用性、不确定性和交易效率三个维度定义了交易费用，并提出“有效边界”的概念。他认为，企业的成长可以通过纵向边界的扩张来实现，如将属于市场交易的部分活动并入企业内部，通过前向或后向一体化，扩大企业的原有边界。

（3）以竞争优势为基础的外生成长理论

波特提出竞争优势理论，将企业成长的动力归因于市场力量和产业扩张。他认为，市场中存在五种竞争力量，包括购买者、供应者、替代者、现有竞争者和潜在竞争者，这五种力量相互联系、相互作用，影响产业结构，决定企业的竞争优势。企业通过对自己市场位势的分析，来确定竞争战略。波特还提出了三种基于价值链的竞争战略，即成本领先战略、差异化战略和目标聚焦战略。竞争优势理论强调外部环境即市场力量对企业成长的作用，但仍将企业视作一个“黑箱”，容易导致企业在战略上盲目扩张。

综上，依据企业的成长理论，我们将企业的成长方式分为两种：一种是内涵式成长方式；另一种是外延式成长方式。内涵式成长方式主要是依靠企业内部的自我发展，如开展研发创新活动，加强内部管理、培育企业品牌等，形成核心竞争优势，以实现可持续发展；外延式成长方式是从企业外部获得，如通过兼并收购等活动获取其他企业的生产能力或经营控制权，以实现企业的对外扩张。

自熊彼特提出创新理论后，大量学者强调了创新能力对企业成长的重要性。研发创新作为企业的内部成长方式，既是企业提升竞争优势的源泉，也是企业获得生存和不断发展的重要动力。这种方式主要强调依靠技术进步，改善生产要素质量和提高活劳动及生产资料的效率，从而实现企业的内部发展。通过研发投资的增加，可以提高设备先进性和工艺设计水平，有助于企业形成规模经济，从而提高生产效率，降低生产成本，使企业走上持续健康的内涵式发展道路。

随着我国资本市场的日益成熟，企业间的兼并收购活动日益活跃。并购活动作为企业的一种外延式成长方式，是企业实现战略扩张、资源优化配置的重要手段。这种方式强调外部扩张对企业成长的作用，在这种战略思想下，企业通过大量横向、纵向和混合并购，尽快占据产业链上的有利位置，形成行业竞争优势，使企业走上快速成长的外延式发展道路。显然，我们必须将企业的内部自我发展和外部扩张进行有机结合，才能使企业实现快速、持续和健康的发展。

第 4 章　银企关联对财务弹性的影响研究

自 21 世纪以来，经济全球化进程的不断加快，科学技术的迅猛发展，使企业所处的经营环境日益复杂，市场环境瞬息万变，不确定性已成为当今企业经营环境的最基本特征之一。为了应对日益增长的环境不确定性，动态权变理论认为，个体组织不能成为环境的被动接受者，而应主动适应环境的变化，即保持一定的弹性（Flexibility）。这种弹性能够使企业对环境变化做出快速反应，从而提高企业的价值。

当前我国正处于经济转型时期，资本市场发展不成熟，相关的法律制度不健全，上市企业经常被资本流动性不足和环境波动较大的问题所困扰。企业应该如何减少经营风险，增强应变能力，从而实现可持续发展战略呢？特别地，当企业陷入经营困境或者面临新的投资机会时，如何才能及时低成本地筹集到充足的资金，来缓减困境或者满足投资需求？这些问题都是企业面临的重大挑战。面对日益激烈的竞争环境，企业应该改变以往经营过程中的刚性思维，树立财务弹性理念，以便能够灵活应对不利冲击和捕捉有利的投资机会。

现实生活中，不同类型的企业主体在不同时期，其财务弹性水平差异较大，那么企业会根据哪些具体因素来确定和调整自身财务弹性水平呢？这是财务弹性研究中一个极为现实的问题。财务弹性影响因素的研究有助于企业确定自身的财务弹性水平，有助于企业财务弹性管理政策的制定和运用。

4.1 理论分析与研究假设

财务弹性是企业为了应对环境变化，通过事先财务安排而获取的一种筹集和调度资金的能力，而环境变化包括内部环境变化与外部环境变化。因此，探讨财务弹性影响因素应该从企业经营的内部环境和外部环境去考察。同时，衔接内部环境与外部环境的关系因素，也会影响企业的资金筹集和调度能力。已有学者主要从企业的外部环境，如宏观经济环境、环境不确定等方面探讨了财务弹性的外部影响因素，Killi 等（2011）发现在不同的经济环境下，企业财务弹性的价值存在显著差异。当环境不确定性较大时，企业受到的财务冲击较强烈，财务弹性价值也较大。Arslan（2014）以金融危机为背景，就财务弹性在企业投资及业绩方面的作用进行研究，结果发现：在危机之前，财务弹性水平不同的企业，其投资和业绩水平无显著的差异；而在危机期间，财务弹性水平较高的企业，其投资支出更多，业绩水平也相对更高，即环境不确定性对财务弹性价值具有显著的正向影响，这与 Killi 等（2011）的研究结论一致。我国学者刘名旭（2014）通过研究也发现企业面临外部环境的不确定性越强，越倾向于储备较高的财务弹性水平。另一些学者则从企业的内部特征对财务弹性的影响进行研究，如姜英兵（2004）就现金流波动对财务弹性的影响进行研究，发现现金流波动会显著影响上市企业的财务弹性水平，波动程度越大，保持的财务弹性水平也越高。Gamba 和 Triantis（2008）从生命周期角度，动态分析了财务弹性对企业价值的影响，研究发现财务弹性的价值与企业的生命周期密切相关。对于刚成立的企业，有限的经营水平和不足的内部现金流，使其财务弹性的价值相对较大；而对于成熟期的企业，充足的现金流使这类企业的财务弹性价值相对较小。Lins 等（2010）通过对 29 个国家的企业进行调查研究，发现企业的 CFO 会根据未来投资机会的大小来调整其信贷额度，进而储备财务弹性水平，以满足未来资金的需求。但少有学者对财务弹性的影响因素，从连接企业内外部环境的一些关系因素，如政企关系、银企关系、与供应商的关系等角度来进行探讨，这也为本书的研究提供了契机。

社会资本理论认为，社会资本的存在可以缓减交易双方的信息不对称程度，降低交易成本。我国是一个关系本位的社会，企业作为经济活动的主体，不可避免地会和其他主体形成各种关系链条，如企业和政府、银行、供应商等之间会形成政企关系、银企关系和商业信用等。这些关系链条构成企业的社会资本，并影响企业的经济活动和行为方式。银企关系作为企业重要的社会资本形式，可以弥补市场机制的缺陷和不足，有助于企业获取稀缺的财务资源。

已有研究表明，良好的银企关系有助于企业获得银行贷款等外源资金，从而缓减企业的融资约束。例如，国外学者 Berlin 和 Loeys（1988）通过研究发现，与银行建立紧密关系的企业可以从银行获得更多的借款。Agarwal 等（2001）以德国企业为样本对象，研究了银企关联对企业外部融资及企业业绩的影响，结果发现紧密的银企关系能够有效地提高企业外部资本的可获得性。我国学者杜颖洁和杜兴强（2013）也支持这一观点，他们以高管银行背景作为银企关联的替代变量，验证了银企关联对非国有上市企业银行借款的作用，结果表明非国有上市企业的银行借款与银企关联之间呈正相关关系。邓建平和曾勇（2011）则从融资约束的角度对银企关联的作用进行了研究，得出了企业与银行之间的关联关系有助于缓减我国非国有上市企业的融资约束的结论。程小可等（2013）也得出了类似的观点，他们指出与银行关系较紧密的企业，可以通过银行资源来降低其融资约束程度。综上可知，与银行建立关联关系的企业，具备更强的外部融资能力。

根据信息不对称理论，在不完美的资本市场中，由于内外部融资成本存在差异，企业普遍面临着融资约束。而面临融资约束的企业可以通过合理选择财务政策而优化自身的财务弹性，来增强在未来投资机会降临时的资金筹集和调用能力（葛家澍，2008）。曾爱民等（2013）以我国内地上市公司为样本对象，研究证实了财务弹性企业在金融危机中具备更强的资金筹集和调用能力，其投资水平相对更高。因此，在不确定的外部环境中，面临融资约束的企业往往会预先进行财务弹性储备，以满足未来投资需求或应对不利冲击。但财务弹性的储备是有成本的，较高的现金持有水平会增加现金的机会成本；较低的负债水平会降低债务对企业的硬约束，进而增加企业的监督成本。所以企业在进行财务弹性储备决策时，要权衡筹资风险与资金储备成本，以规避可能的财务风险和过高的融资成本。

我们认为，银行关联企业具备更强的外部融资能力，其未来资金筹集风险降低，企业权衡资金储备成本和筹资风险，会选择储备较低的财务弹性水平。反之，无银行关联的企业，其外部融资能力较弱，未来资金筹集风险增加，则会选择储备较高的财务弹性水平。基于以上分析，我们提出本章的第一个研究假设：

H1：在其他条件一定的情况下，企业的财务弹性储备水平与银企关联关系呈负向关系。

我国的企业从所有权性质上可以分为国有企业和非国有企业，由于我国产权制度背景的特殊性，所有权性质不同的企业遇到的融资约束差异较大，国有企业在财务和政治上能够得到政府更多的支持，包括政府对国有企业实施从财政补贴到银行贷款再到股市融资的支持（林毅夫和李志赟，2004），业绩下降或者亏损的国有企业更可能从政府那里得到补贴（Lin 和 Tan，1999），银行为国有企业提供更多的贷款（Li 等，2009），而且贷款利率更低（Brandt 和 Li，2002），制定的限制条款也更少（Firth 等，2008），股票市场监管者出于政治考虑而非经济考虑，给予国有企业优先上市的特权（Aharony 等，2000）。即国有企业可以通过银行贷款、政府补贴和股市优惠政策等渠道获得更多的外源资金，使其在进行财务弹性储备决策时受银企关系的影响较小。相对而言，非国有企业融资渠道有限，银行贷款是其主要的外部资金来源，而且银行对其贷款的条件也相对更苛刻，因此，非国有企业在进行财务弹性储备决策时，受银企关系的影响会较大。因此，我们提出本章的第二个研究假设：

H2：相对于国有企业而言，非国有企业的银企关联对财务弹性的负向作用更显著。

4.2 研究设计

4.2.1 样本选择和数据来源

本章研究财务弹性的影响因素，选择在上海证券交易所和深圳证券交易所上市的全部上市公司作为样本对象，考虑到 2007 年我国的会计准则进行了较大的调整，本书选取的样本区间为 2007—2015 年，所有数据来源于 CSMAR 数据库和 WIND 数据库。其中，高管的银行从业背景从 CSMAR 数据库的高管个人简历中进行手工整理而得到。参照国内外相关文献对样本的处理方法，我们对有关数据进行筛选①，最终得到了 16043 个观测值。为了研究结果的稳健性，我们在 1% 水平下对相关数据进行缩尾（Winsorize）处理，所有数据运用 STATA12. 0 软件进行分析和处理。

4.2.2 模型设定和变量定义

借鉴已有学者对财务弹性影响因素的研究，构建如下模型：

$$\begin{aligned}FFI_{it} = {} & a_0 + b_1BC_{it} + b_2SIZE_{it} + b_3CV_{it} + b_4ROA_{it} + b_5CFO_{it} + b_6FH_{it} + b_7IDEP_{it} \\ & + b_8DUAL_{it} + b_9MASSET_{it} + b_{10}TQ_{it} + b_{11}SX_{it} + b_{12}STATE_{it} + b_{13}Industry_{it} \\ & + b_{14}Year_{it} + \varepsilon_{it} \end{aligned} \tag{4-1}$$

4.2.2.1 被解释变量

FFI 为被解释变量，反映企业的财务弹性水平。现有文献关于财务弹性的度量方法主要可以分为三种：单指标衡量法、多指标结合法及多指标综合法。其中，单指标衡量法是只关注财务弹性的某一方面，从现金弹性、负债弹性和权益弹性三者中选择一种来衡量财务弹性的方法。多指标结合法是指通过现金持有量、负债比例以及支付政策这三种指标相结合，来判定企业是否具有财务弹性。在该方法下，财务弹性等于现

① 剔除金融行业的所有上市公司；剔除 ST、PT 类等经过特别处理的上市公司；剔除数据异常和数据不全的研究样本。

金弹性、负债弹性和权益弹性三者或两者之和，和越大则代表财务弹性越高。多指标结合法是指通过选择多种能够影响财务弹性的指标，通过合理的计量分析方法将多种指标综合成一个能够代理财务弹性的指标。在本书的研究中，我们参考曾爱民（2011）的做法，采用多指标结合法度量财务弹性，并以行业中位数、年度中位数法度量的财务弹性虚拟变量进行稳健性检验。

4.2.2.2 主要解释变量

BC 代表银企关系，用来衡量银行与企业之间的关联关系。现有文献对银企关系的度量主要分为两种：一种是间接度量法，以企业与银行之间的股权关系、债务关系等某种联系作为银企关系的度量指标；另一种是直接度量法，以企业的高管曾经或现在是否在银行中担任职位来判断企业是否具有银企关系。本书的研究中，我们以高管的银行从业背景来反映，如果企业高管中的董事、总经理和总裁曾经或现在在银行机构任职，则认为高管具有银行从业背景，即企业与银行之间存在关联关系，*BC*1 取值为 1，否则认为高管不具有银行从业背景，即企业与银行之间不存在关联关系，*BC*1 取值为 0。同时，在稳健性测试中，我们以银行债务比例，即短期借款与长期借款之和除以总负债的比值 *BC*2 作为银企关系的替代变量，对设定模型进行稳健性检验。

4.2.2.3 控制变量

借鉴已有文献对财务弹性影响因素的研究，本书控制了以下主要变量：企业规模、环境不确定性、自由现金流、企业业绩、可抵押资产比例、投资机会和公司治理等变量。考虑商业信用作为企业的一种社会资本形式，可能也会影响财务弹性水平，我们还控制了商业信用这一变量。

（1）企业规模

企业的规模不同，其外部融资约束存在很大差异（白俊和连立帅，2012），中小企业由于信息不对称，缺乏可抵押资产等问题，往往面临着更加严重的融资约束（鲁丹，肖华荣，2008）。不同规模的企业会依据融资约束程度，储备高低不同的财务弹性水平。我们采用企业总资产的自然对数来反映企业规模的大小。

（2）自由现金流

内部现金流会影响企业的财务弹性价值，当公司内部现金流不足时，上市企业的财务弹性价值相对较高；而当内部现金流充足时，财务弹性价值则较低（Gamba 和 Triantis，2008；Rapp 等，2014）。因此，我们将自有现金流作为企业财务弹性储备决策的一个影响因素加以控制，并用年度经营活动现金净流量与期末总资产的比值来衡量。

（3）投资机会

关于投资机会，国外学者 Marchica 和 Mura（2010）的研究表明，当预期未来成长机会较好时，企业会通过持续保持较低的财务杠杆来储备财务弹性，确保未来的资金需求。Lins 等（2010）通过对 29 个国家的企业流动性进行了调查研究，也表明如果预期未来的成长机会较大时，企业的 CFO 更倾向于使用信贷额度来储备财务弹性，以确保当有利的投资机会出现时能够获取所需的资金，即投资机会对企业的财务弹性储备水平有着重要的影响。我们以企业的市场价值与账面价值的比值来衡量企业投资机会的大小。

（4）可抵押资产比例

当企业遭遇经营困境，面临资金短缺时，抵押借款是企业最快捷的融资方式。对企业而言，可用于抵押的资产越多，未来的债务融资越有保障，国内学者刘名旭（2014）从企业内部特征方面全面地分析了财务弹性的影响因素，发现用于抵押融资的资产越少，越会选择储备较高的财务弹性水平。本书的研究中，我们以上市企业期末的固定资产净额与资产总额的比值来衡量可抵押资产比例。

（5）环境不确定性

不确定性是企业获取和保持财务弹性的前提，也正是不确定性的存在，使企业财务弹性具有价值。国外学者 Killi 等（2011）研究了环境不确定对财务弹性的影响，发现在经济环境不确定的情况下，公司更容易受到强烈的财务冲击，此时财务弹性的价值变大，即环境不确定性越大，企业财务弹性价值越大。Arslan（2014）通过比较金融危机前后财务弹性对公司投资和业绩水平的影响，也发现环境不确定性对财务弹性价值具有显著的正向影响，与 Killi 等（2011）研究结论一致。我们以企业个体的不确定性作为环境不确定性的替代变量，并以上市企业近三年净利润率的标准离差率进行度量。

（6）公司治理变量

根据委托代理理论和财务弹性理论，企业储备财务弹性可以应对不利冲击和捕捉未来投资机会。但财务弹性储备水平过高会增加企业的代理成本，对于治理水平差的企业，其财务弹性的储备价值将大大降低。因此，公司治理水平高的企业才会储备较高的财务弹性水平。我们通过股权制衡、独立董事比例和两职合一三个变量来控制公司治理水平对财务弹性储备决策的影响。

此外，本书还控制了年度和行业的影响，其中行业按照证监会的分类，剔除金融行业后，共设置 20 个行业虚拟变量，因样本数据共涉及 9 个自然年度，所以本书共选取了 8 个年度虚拟变量，主要变量的名称、符号和定义如表 4-1 所示。

表 4-1　变量名称、符号及定义

变量名称		符　号	定　义
被解释变量	财务弹性	*FFI*	财务弹性=现金弹性+负债弹性，其中，现金弹性=企业现金持有水平-行业平均现金持有水平；负债弹性=max｛0，同行业的平均负债水平—企业的负债水平｝
			用行业中位数和年度中位数法度量的虚拟变量进行稳健性检验
主要解释变量	银企关系	*BC*1	高管是否具有银行从业背景：具有银行背景赋值为 1；不具有银行背景赋值为 0
		*BC*2	以（短期借款+长期借款）÷总负债的比值进行稳健性检验
控制变量	产权性质	*STATE*	虚拟变量，如果样本企业是国有企业取值为 0，否则取值为 1
	企业业绩	*ROA*	净利润/平均资产
	企业规模	*SIZE*	资产总额的自然对数
	自由现金流	*CFO*	年度经营活动现金净流量÷年末总资产

续表

变量名称		符　号	定　义
控制变量	环境不确定性	*CV*	近三年净利润率的标准离差率
	可抵押资产比例	*MASSET*	固定资产÷总资产
	股权制衡	*FH*	公司第二大股东到第十大股东持股比例之和
	托宾 Q	*TQ*	市场价值/账面价值
	独立董事比例	*IDEP*	独立董事人数/董事会总人数
	两职合一	*DUAL*	董事长和总经理两职兼任时取值为 0，两职分离时取值为 1
	商业信用	*SX*	SX 为企业获得的商业信用，其计算公式为：（应付总额-应收总额）÷总资产，其中，应付总额=应付账款+应付票据+预收账款；应收总额=应收账款+应收票据+预付账款
	行业效应	*Industry*	行业虚拟变量
	年度效应	*Year*	年度虚拟变量

4.3　实证分析

4.3.1　描述性统计

本节对主要变量的总体样本和分组样本进行描述性统计分析，为了便于研究产权性质对银企关联与财务弹性二者之间关系的影响，我们以国有企业和非国有企业为标准将总样本进行分组统计，并对分组样本进行均值 T 检验和中位数 Z 检验。

（1）样本总体的描述性统计

表 4-2 描述了模型（4-1）中主要变量的描述性统计结果。由表 4-2 可以看出，我国上市企业的财务弹性 *FFI* 的标准差为 0.316，说明数据具有一定的波动性。最大值和最小值分别为 1.733 和-0.230，差异较大，说明有些企业储备了很强的财务弹性，而有些企业则严重缺乏财务弹性。*FFI* 的均值为 0.125，从总体上来看，我国上市企业具备一定的财务弹性储

备意识，但储备水平较低，仍需要进一步提高。银企关系 *BC*1 的均值为 0.224，说明在超过 1/5 的上市企业中，其高管具有银行从业背景，企业与银行之间建立了一定的关联关系。在控制变量方面，环境不确定性 *CV* 均值为 0.133，最大和最小值为-13.235 和 13.390，说明我国上市企业所面临的外部环境具有一定的不确定性，各个企业因行业特征和成长方式不同，其外部环境差异也较大。自由现金流 *CFO* 均值和中位数分别为 0.042 和 0.041，说明从总体来看我国上市企业自由现金流不高，内源融资能力有待加强。固定资产比例达到 24%，可为企业贷款提供有效抵押。商业信用 *SX* 均值为正数，说明总体上我国上市企业是商业信用的获得者，可以通过供应商或销售商获得融资便利。在公司治理变量中，股权制衡 *FH* 的均值为 0.160，最大值为 0.525，最小值为-0.487，说明我国上市企业的股权制衡度较弱，各企业间差异较大。独立董事比例 *IDEP* 的最大值和最小值分别为 0.571 和 0.300，说明部分上市公司很好地执行了独立董事制度，而部分上市公司严重缺乏独立董事制度。均值和中位数分别为 0.370 和 0.333，从总体来看，上市公司只是达到了我国证监会要求的独立董事比例额最低要求，独立董事制度还有待加强。两职合一 *DUAL* 的均值为 0.778，说明在近 23%的上市企业中总经理和董事长是两职兼任的。

表 4-2　样本总体的描述性统计

变量	N	mean	sd	median	min	max
FFI	16043	0.125	0.316	0.029	-0.230	1.733
*BC*1	16043	0.224	0.417	0	0	1
SIZE	16043	21.800	1.223	21.677	18.975	25.283
CV	16043	0.133	2.597	0.255	-13.235	13.390
CFO	16043	0.042	0.077	0.041	-0.204	0.261
TQ	16043	2.294	2.199	1.649	0.213	14.009
MASSET	16043	0.240	0.174	0.207	0.002	0.748
ROA	16043	0.070	0.145	0.072	-0.788	0.515
SX	16043	0.003	0.139	-0.006	-0.328	0.432
FH	16043	0.160	0.175	0.159	-0.487	0.525

续表

变量	N	mean	sd	median	min	max
IDEP	16043	0. 370	0. 052	0. 333	0. 300	0. 571
DUAL	16043	0. 778	0. 416	1	0	1
STATE	16043	0. 563	0. 496	1	0	1

（2）产权性质分组的描述性统计

表 4-3 列示了按照产权性质进行分组的描述性统计，以及均值的 *T* 检验和中位数的秩和检验结果。由表 4-3 可以看出，国有企业和非国有企业的财务弹性均值分别为 0. 084 和 0. 156，前者显著低于后者，中位数分别为-0. 005 和 0. 066，在统计上具有显著差异，说明产权性质是影响财务弹性的重要因素。国有企业的银企关系 *BC*1 的均值和标准差分别为 0. 199 和 0. 399，显著低于非国有企业的 0. 245 和 0. 429，这可能是由于非国有企业受融资约束的制约，更倾向雇佣有银行背景的高管，从而和银行建立关联关系。在控制变量方面，国有企业的规模显著大于非国有企业，而国有企业的环境不确定性显著低于非国有企业，其他财务特征变量和公司治理变量在统计上均有显著差异。

4. 3. 2　相关性分析

本节对设定模型的主要变量进行了 Pearson 相关性分析，结果见表 4-4。由表 4-4 可知，银企关系 *BC*1 与财务弹性 *FFI* 显著负相关，初步验证了假设 H1。在控制变量中，公司规模、可抵押资产比例以及商业信用与财务弹性呈负相关关系，其他变量与财务弹性呈正相关关系，与预期一致，初步说明选取的解释变量均与财务弹性有显著的相关关系，变量选取具有一定的合理性。此外，各个回归的自变量之间的相关系数都不大，均未超过 0. 5，说明变量之间的相关关系较弱，可以初步判定设定模型基本不存在多重共线性问题。但相关性分析只是对变量之间的关联关系进行的初步分析，要验证自变量对因变量的实际影响，还需要通过后续的回归分析才能得出更为可靠的结论。

表 4-3　产权性质分组的描述性统计

变量	国有企业					非国有企业						
	mean	sd	median	min	max	mean	sd	median	min	max	T	Z
FFI	0. 084	0. 303	-0. 005	-0. 230	1. 733	0. 156	0. 323	0. 066	-0. 230	1. 733	-0. 072***	-19. 019***
*BC*1	0. 199	0. 399	0	0	1	0. 245	0. 429	0	0	1	-0. 045***	-6. 838***
SIZE	22. 234	1. 261	22. 083	18. 975	25. 283	21. 463	1. 078	21. 368	18. 975	25. 283	0. 771***	39. 133***
CV	0. 091	2. 716	0. 249	-13. 235	13. 390	0. 165	2. 499	0. 261	-13. 235	13. 390	-0. 074**	-3. 365***
CFO	0. 046	0. 077	0. 046	-0. 204	0. 261	0. 039	0. 078	0. 038	-0. 204	0. 261	0. 042***	6. 608***
TQ	1. 744	1. 742	1. 243	0. 213	14. 009	2. 721	2. 412	1. 991	0. 213	14. 009	-0. 977***	-36. 371***
MASSET	0. 277	0. 195	0. 241	0. 002	0. 748	0. 211	0. 149	0. 186	0. 002	0. 748	0. 066***	19. 849***
ROA	0. 067	0. 150	0. 072	-0. 788	0. 515	0. 072	0. 141	0. 073	-0. 788	0. 515	-0. 005**	-1. 327
SX	0. 037	0. 130	0. 019	-0. 328	0. 432	-0. 023	0. 140	-0. 032	-0. 328	0. 432	0. 060***	29. 998***
FH	0. 110	0. 170	0. 103	-0. 487	0. 525	0. 199	0. 169	0. 204	-0. 487	0. 525	-0. 089***	-37. 598***
IDEP	0. 365	0. 051	0. 333	0. 300	0. 571	0. 373	0. 053	0. 333	0. 300	0. 571	-0. 008***	-9. 018***
DUAL	0. 898	0. 303	1	0	1	0. 685	0. 465	1	0	1	0. 213***	32. 111***

表 4-4　主要变量的相关系数

	FFI	*BC*	*SIZE*	*CV*	*CFO*	*TQ*	*MASSET*	*ROA*	*SX*	*FH*	*IDEP*	*DUAL*	*STATE*
FFI	1.000												
BC1	-0.010**	1.000											
SIZE	-0.230***	0.050***	1.000***										
CV	0.028***	-0.005	0.030***	1.000									
CFO	0.084***	-0.008	0.042***	0.015*	1.000								
TQ	0.200***	0.003	-0.489***	-0.018**	0.082***	1.000							
MASSET	-0.240***	-0.028***	0.071***	-0.035***	0.253***	-0.140***	1.000						
ROA	0.074***	0.014*	0.157***	0.113***	0.230***	0.059***	-0.131***	1.000					
SX	-0.071***	0.017**	0.253***	-0.014*	0.120***	-0.200***	0.033***	-0.013	1.000				
FH	0.131***	-0.004	-0.115***	0.011	0.022***	0.134***	-0.074***	0.038***	-0.104***	1.000			
IDEP	0.002	-0.001	0.001	0.004	-0.034***	0.074***	-0.047***	-0.019**	-0.033***	-0.006	1.000		
DUAL	0.067***	0.002	-0.152***	-0.006	-0.031***	0.117***	-0.089***	-0.002	-0.105***	0.089***	0.102***	1.000	
STATE	0.112***	0.054***	-0.313***	0.014*	-0.049***	0.220***	-0.190***	0.016**	-0.217***	0.251***	0.071***	0.254***	1.000

注：*、**和***表示 Pearson 相关系数在 10%、5%和 1%的水平上显著。

4.3.3 回归结果

4.3.3.1 银企关联和财务弹性的实证检验

表4-5描述了银企关联和财务弹性水平的OLS回归结果。其中（1）列是仅控制年度和行业效应下银企关联*BC*1和财务弹性的回归检验，结果显示，银企关联的回归系数为-0.013，在5%的水平下显著。然后在（1）列的基础上，分别引入企业内部特征变量和外部环境变量进行OSL回归，检验结果见（2）列和（3）列。结果表明，银企关联*BC*1与财务弹性水平仍在5%水平下显著负相关，这验证了假设H1。银企关联关系与企业的财务弹性储备水平呈负向关系，即当企业与银行之间存在关联时，会倾向于储备较低的财务弹性水平，而当企业与银行之间无关联时，则倾向于储备较高的财务弹性水平，企业的财务弹性储备会根据银企关联关系进行相机抉择。在控制变量中，企业规模*SIZE*、可抵押资产比例*MASSET*与财务弹性水平显著负相关，规模越大的企业，融资约束相对较小，财务弹性的储备水平会越低，而可抵押资产比例越高的企业，由于较高的信用担保，未来可以获得更多的融资便利，因而倾向于储备较低的财务弹性水平。环境不确定性*CV*与财务弹性水平正相关，这与已有文献的研究结论相一致，环境不确定性越高，储备的财务弹性水平应该越高。未来投资机会*TQ*、自由现金流*CFO*和企业业绩*ROA*与财务弹性均正相关，未来机会多的企业，倾向于储备更高的财务弹性水平，以满足投资的资金需求。而自由现金流*CFO*越多、企业业绩*ROA*越好的企业，越有利于企业财务弹性水平的储备。公司治理变量中，股权制衡和两职合一与财务弹性水平呈正相关关系，说明治理水平越高的企业越倾向于储备较高的财务弹性水平；商业信用*SX*与财务弹性在1%的水平下显著负相关，如果上市公司获得商业信用，即获得融资便利，具备更强的外部融资能力，未来筹资风险较低，因此，企业会选择储备较低的财务弹性水平。

表 4-5　银企关系（*BC*1）对财务弹性的影响

变量	(1)	(2)	(3)
*BC*1	-0.013** (-2.35)	-0.011** (-2.12)	-0.012** (-2.14)
SIZE		-0.041*** (-16.98)	-0.039*** (-15.91)
CV			0.003*** (3.38)
CFO		0.572*** (18.58)	0.606*** (19.40)
TQ		0.009*** (6.66)	0.009*** (6.48)
MASSET		-0.462*** (-28.70)	-0.456*** (-28.32)
ROA		0.059*** (3.58)	0.044*** (2.65)
SX			-0.111*** (-6.12)
FH		0.125*** (9.19)	0.123*** (9.05)
IDEP		-0.022 (-0.53)	-0.027 (-0.64)
DUAL		0.022*** (4.07)	0.022*** (4.09)
STATE		0.014*** (2.78)	0.011** (2.12)
Industry	*control*	*control*	*control*
Year	*control*	*control*	*control*
Constant	0.217*** (11.66)	1.146*** (19.85)	1.104*** (19.01)
Observations	16043	16043	16043
F 值	91.43	141.29	135.86
R^2	0.142	0.251	0.254

注：括号内为对应的 t 值；*、** 和 *** 分别代表 0.1、0.05 和 0.01 的显著性水平（下同）。

4.3.3.2 不同产权性质下银企关联和财务弹性的实证检验

表4-6描述了分样本下银企关联和财务弹性的回归结果。在（1）列中，银企关系 *BC*1 和财务弹性的回归系数为-0.016，且在5%的水平下显著，在（2）列中，银企关系 *BC*1 和财务弹性的回归系数变为-0.003，且不再显著，即在非国有企业中，银企关联对财务弹性水平的影响更显著，这一结果验证了假设H2。非国有企业的外部融资渠道主要来源于银行贷款，故其在选择储备财务弹性水平时，受银企关联关系的影响较大。国有企业则可以通过银行贷款、政府补贴和股市优惠政策等多渠道获得外源资金，因而进行财务弹性储备决策时受银企关联关系的影响较小。

表4-6 不同产权性质下银企关系（*BC*1）对财务弹性的影响

变量	(1) 非国有企业	(2) 国有企业
*BC*1	-0.016** (-2.30)	-0.003 (-0.41)
SIZE	-0.048*** (-12.83)	-0.026*** (-8.65)
CV	0.003** (2.42)	0.003** (2.42)
CFO	0.649*** (14.78)	0.536*** (11.07)
TQ	0.008*** (4.25)	0.015*** (5.17)
MASSET	-0.554*** (-23.98)	-0.356*** (-18.00)
ROA	0.068*** (2.82)	0.021 (0.92)
SX	-0.138*** (-5.05)	-0.053* (-1.92)
FH	0.189*** (10.46)	0.004 (0.22)
IDEP	-0.109** (-1.98)	0.053 (0.85)
DUAL	0.023*** (3.59)	0.012 (0.96)

续表

变量	(1) 非国有企业	(2) 国有企业
Industry	*control*	*control*
Year	*control*	*control*
constant	1.340*** (15.24)	0.810*** (10.77)
Observations	9028	7015
R^2	0.243	0.289
F 值	52.14	42.35

4.3.3.3 进一步研究

(1) 区分不同融资约束的实证检验

在不完美的资本市场中，交易双方的信息不对称，使企业普遍面临融资约束问题。面对外部环境的融资约束，企业需要预先进行筹资策略安排，综合考虑并有效利用各项社会资源，如与银行之间的关系资本，做出合理的财务弹性储备策略。当外部融资约束较严重时，企业更需要保持财务的灵活性，依据与银行建立的关系资本来调整财务弹性储备水平。基于前文实证基础，我们用企业规模作为融资约束的代理变量，采用中位数法将样本企业区分为高融资约束组和低融资约束组，分别对银企关联和财务弹性的关系做进一步检验，实证结果见表 4-7。结果显示，在不同融资约束条件下，银企关系 *BC*1 对财务弹性的影响效应存在差异。由表 4-7 可知，是否存在关联对企业财务弹性储备水平的影响显著不同，在高融资约束组下，银企关系 *BC*1 和财务弹性的回归系数为-0.027，且在 1%的水平下显著；而在低融资约束组下，其回归系数变为 0.004，不再显著。说明当企业面临较严重的外部融资约束时，银行关联关系对财务弹性的储备决策影响更为显著。即为了缓减外部融资约束，银行关联企业更多地利用银行资源来筹集所需资金，而非银行关联企业则通过储备较高的财务弹性水平来获得资金重构。

表 4-7 不同融资约束下银企关联对财务弹性的影响

变量	(1) 融资约束低	(2) 融资约束高
BC1	0.004 (0.61)	-0.027*** (-3.26)
CV	0.003** (2.55)	0.003** (2.52)
CFO	0.441*** (11.12)	0.655*** (13.90)
TQ	0.029*** (12.14)	0.009*** (5.83)
MASSET	-0.315*** (-16.44)	-0.589*** (-22.37)
ROA	-0.055** (-2.40)	0.060*** (2.61)
SX	-0.040* (-1.86)	-0.143*** (-4.93)
FH	0.051*** (3.24)	0.174*** (7.78)
IDEP	-0.010 (-0.20)	-0.080 (-1.14)
DUAL	-0.001 (-0.07)	0.034*** (4.18)
STATE	0.011* (1.92)	0.015* (1.78)
Industry	*control*	*control*
Year	*control*	*control*
constant	0.166*** (5.25)	0.337*** (9.20)
Observations	8021	8021
R^2	0.216	0.245
F 值	56.35	66.35

（2）区分未来投资机会的实证检验

投资机会是财务研究领域的重要概念，代表企业的未来发展状况。根据现代投资理论，未来投资机会会影响企业的资金需求，投资机会越好，资金需求越大。为了能够在未来出现有利的投资机会时，有能力抓住这一机会，企业需要保持财务上的灵活性，做出更合理的筹资策略安排，依据与银行建立的关系资本储备财务弹性水平。基于前文实证基础，我们用企业的市场价值与账面价值的比值作为投资机会的代理变量，采用中位数法将样本企业区分为投资机会较好组和投资机会较差组，分别对银企关联和财务弹性的关系做进一步检验，实证结果见表 4-8。结果显示，在不同投资机会下，银企关联对财务弹性的影响效应存在差异。由表 4-8 可知，在投资机会较好组中，银企关系 *BC*1 和财务弹性的回归系数为-0.030，且在 1%的水平下显著，而在投资机会较差组中，其回归系数变为 0.008，不再显著。这说明当企业面临较好的未来投资机会时，银行关联关系对财务弹性的储备决策影响更显著。即为了抓住有利投资机会，银行关联企业更多地利用银行资源来筹集所需资金，而非银行关联企业则通过储备较高的财务弹性水平来获得资金重构。

表 4-8　不同投资机会下银企关联对财务弹性的影响

变量	(1) 投资机会好	(2) 投资机会差
*BC*1	-0.030*** (-3.71)	0.008 (1.23)
SIZE	-0.034*** (-8.58)	-0.037*** (-13.05)
CV	0.004*** (3.52)	0.001 (1.20)
CFO	0.694*** (15.07)	0.413*** (10.05)
MASSET	-0.576*** (-22.33)	-0.338*** (-17.21)
ROA	-0.004 (-0.17)	0.081*** (3.81)
SX	-0.118*** (-4.04)	-0.061*** (-2.76)
FH	0.180*** (8.38)	0.053*** (3.20)

续表

变量	(1) 投资机会好	(2) 投资机会差
IDEP	-0.087 (-1.35)	0.023 (0.43)
DUAL	0.019** (2.41)	0.021*** (2.88)
STATE	0.011 (1.38)	0.012* (1.95)
Industry	*control*	*control*
Year	*control*	*control*
constant	1.107*** (11.88)	0.952*** (14.23)
Observations	8021	8021
R^2	0.232	0.246
F 值	61.70	66.63

4.3.4 稳健性检验

为了夯实前文研究结果的可靠性，我们分别对财务弹性和银企关系变量重新度量，对设定模型进行稳健性回归检验。

（1）财务弹性中位数度量法

借鉴陈红兵、连玉君（2013）用行业中位数和年度中位数法，界定财务弹性为虚拟变量，对模型（4-1）进行 Logit 回归检验。具体地，结合企业现金持有和财务杠杆指标，分别以现金持有量和财务杠杆的行业中位数及年度中位数为基准，将高现金持有且低财务杠杆的企业界定为财务弹性企业，*FFI* 取值为 1，否则取值为 0，回归结果见表 4-9。由表 4-9 可知，在全样本下无论采用行业中位数还是年度中位数法，企业的财务弹性水平与银企关系 *BC*1 均在 1%的水平下显著为负，再次验证了假设 H1。在分样本检验中，非国有企业的财务弹性水平与银企关系 *BC*1 显著负相关，而在国有企业这二者则无相关关系，这也再次验证了假设 H2。

表 4-9　财务弹性中位数度量法

变量	年度中位数			行业中位数		
	全样本	国有企业	非国有企业	全样本	国有企业	非国有企业
*BC*1	-0.160*** (-3.55)	0.077 (1.02)	-0.148*** (-2.59)	-0.093*** (-2.15)	0.049 (0.58)	-0.205*** (-3.47)
SIZE	-0.484*** (-20.11)	-0.428*** (-12.69)	-0.505*** (-15.74)	-0.474*** (-20.97)	-0.402*** (-10.21)	-0.539*** (-16.28)
CV	0.045*** (5.61)	0.020* (1.69)	0.051*** (4.89)	0.040*** (5.20)	0.031** (2.57)	0.051*** (4.45)
CFO	5.929*** (20.72)	5.573*** (12.39)	5.804*** (16.61)	5.815*** (21.46)	6.161*** (11.66)	5.621*** (14.54)
TQ	0.091*** (7.79)	0.234*** (10.53)	0.058*** (4.21)	0.090*** (8.09)	0.220*** (7.65)	0.053*** (3.45)
MASSET	-3.745*** (-24.21)	-3.016*** (-13.95)	-4.126*** (-19.44)	-3.514*** (-23.89)	-3.363*** (-14.14)	-4.280*** (-20.05)
ROA	1.346*** (8.64)	1.893*** (7.44)	1.176*** (6.04)	1.458*** (9.67)	1.804*** (6.55)	1.099*** (5.80)
SX	-2.322*** (-14.30)	-1.673*** (-6.25)	-2.105*** (-10.69)	-2.122*** (-13.72)	-2.596*** (-9.41)	-2.041*** (-9.76)
FH	1.243*** (9.96)	-0.097 (-0.51)	1.555*** (10.06)	1.087*** (9.25)	0.302 (1.35)	1.513*** (9.26)
IDEP	-0.842** (-2.19)	0.808 (1.32)	-0.691 (-1.48)	-0.147 (-0.40)	-0.185 (-0.27)	-1.253*** (-2.65)
DUAL	0.110** (2.39)	-0.320*** (-3.11)	0.151*** (2.89)	0.080* (1.78)	-0.444*** (-3.93)	0.219*** (4.12)
STATE	0.066 (1.47)			0.040 (0.91)		
Industry	*control*	*control*	*control*	*control*	*control*	*control*
Year	*control*	*control*	*control*	*control*	*control*	*control*
constant	11.144*** (19.93)	8.784*** (11.48)	10.585*** (14.25)	9.895*** (18.93)	9.465*** (10.54)	12.220*** (15.56)
Observations	17277	7758	9519	17277	7758	9519
Wald chi2	3025.81	1020.97	1358.49	2296.19	1296.07	1696.09
Pseudo R^2	0.225	0.169	0.167	0.159	0.251	0.209

（2）银企关系的重新度量

首先，我们借鉴已有文献以上市企业的银行债务比例作为银企关系的替代变量，对设定模型进行重新回归检验。具体而言，用短期借款和长期借款之和占总负债的比值 *BC*2 重新度量企业与银行之间的关联关系，比值越大，说明关联程度越高。由表 4-10 结果可知，（1）列中未控制产权性质，银企关系 *BC*2 与财务弹性的回归系数为-0.338，在 1%的水平下显著，在（2）列和（3）列中，逐步引入 *STATE* 和交乘项 *BC*2×*STATE* 后，银企关系 *BC*2 和财务弹性仍然在 1%的水平下显著负相关，即企业的财务弹性水平与银企关联呈负相关关系，这与假设 H1 相符。（3）列中交乘项 *BC*2×*STATE* 的回归系数为-0.036，且在 5%的水平下显著，即在非国有企业中，银企关联对财务弹性水平的影响更显著，这一结果验证了假设 H2。

表 4-10　银企关系（*BC*2）稳健性检验

变量	（1）	（2）	（3）
*BC*2	-0.338*** (-32.01)	-0.341*** (-32.22)	-0.319*** (-21.07)
STATE		0.020*** (3.89)	0.032*** (3.76)
*BC*2 * *STATE*			-0.036** (-1.98)
SIZE	-0.031*** (-14.02)	-0.029*** (-12.81)	-0.029*** (-12.84)
CV	0.002*** (2.88)	0.002*** (2.83)	0.002*** (2.83)
CFO	0.434*** (13.36)	0.430*** (13.24)	0.430*** (13.22)
TQ	0.001 (0.92)	0.001 (0.80)	0.001 (0.70)
ROA	0.018 (1.06)	0.015 (0.90)	0.017 (0.99)
MASSET	-0.338*** (-22.46)	-0.332*** (-21.90)	-0.334*** (-21.90)

续表

变量	(1)	(2)	(3)
SX	-0.270*** (-13.81)	-0.264*** (-13.48)	-0.263*** (-13.37)
FH	0.116*** (9.49)	0.106*** (8.57)	0.104*** (8.48)
IDEP	-0.004 (-0.11)	-0.010 (-0.26)	-0.011 (-0.26)
DUAL	0.026*** (4.73)	0.022*** (3.95)	0.022*** (3.92)
Industry	*control*	*control*	*control*
Year	*control*	*control*	*control*
constant	1.111*** (20.92)	1.067*** (19.61)	1.062*** (19.50)
Observations	16043	16043	16043
R^2	0.298	0.298	0.299
F 值	122.58	120.49	117.95

其次，对于高管的银行背景，我们重新限定高管的范围，如果董事、监事、总裁、总经理及财务负责人曾经或现在在银行机构任职，则认为高管具有银行从业背景，即企业与银行之间存在关联关系，*BC*1 取值为 1，否则认为不存在关联关系，*BC*1 为 0，并对设定模型重新回归，检验结果见表 4-11。结果显示，在全样本下银企关联 *BC*1 和财务弹性 *FFI* 仍然在 5%的水平下显著负相关，即存在银企关联的企业，倾向于储备较低的财务弹性水平，再次验证了假设 H1。分样本回归结果显示，非国有企业的银行关联 *BC*1 和财务弹性的回归系数为-0.012，显著性水平为 10%；而国有企业的回归系数为-0.009，且不再显著，再次验证了假设 H2。

表 4-11 银企关系（*BC*1）重新度量检验

变量	(1) 全样本	(2) 非国有企业	(3) 国有企业
*BC*1	-0.010 * * (-2.04)	-0.012 * (-1.74)	-0.009 (-1.19)
SIZE	-0.039 * * * (-15.95)	-0.048 * * * (-13.03)	-0.026 * * * (-8.06)
CV	0.003 * * * (3.38)	0.003 * * (2.50)	0.003 * * (2.50)
CFO	0.606 * * * (19.41)	0.649 * * * (15.49)	0.536 * * * (11.66)
TQ	0.009 * * * (6.48)	0.008 * * * (4.55)	0.016 * * * (6.79)
MASSET	-0.456 * * * (-28.32)	-0.554 * * * (-23.13)	-0.356 * * * (-16.36)
ROA	0.044 * * * (2.65)	0.068 * * * (2.95)	0.021 (0.91)
SX	-0.111 * * * (-6.11)	-0.138 * * * (-5.63)	-0.053 * * (-1.97)
FH	0.124 * * * (9.06)	0.190 * * * (10.11)	0.004 (0.22)
IDEP	-0.027 (-0.64)	-0.109 * (-1.89)	0.052 (0.86)
DUAL	0.022 * * * (4.10)	0.023 * * * (3.53)	0.012 (1.18)
STATE	0.011 * * (2.11)		
Industry	*control*	*control*	*control*
Year	*control*	*control*	*control*
constant	1.106 * * * (19.04)	1.343 * * * (15.37)	0.808 * * * (10.53)
Observations	16043	9028	7015
R^2	0.253	0.243	0.289
F 值	135.85	74.08	74.79

(3) 克服内生性检验

研究银企关联的相关内容，可能存在由于企业的自选择而产生的内生性问题。企业可以依据与银行建立的关联关系进行财务弹性储备决策，但也可能为了降低资金储备成本，主动与银行建立一定的联系。这样银行关联存在一定的内生性，可能导致估计结果有偏误。因此，我们采用滞后期的方法对设定模型进行稳健性测试，检验结果见表 4-12。可以看出，对所有自变量无论是滞后一期、滞后两期还是滞后三期，银企关联 *BC*1 和财务弹性均呈负相关关系，与前文研究结论一致。

表 4-12　银企关联滞后期对财务弹性的影响

	滞后一期	滞后两期	滞后三期
*BC*1	-0.010* (-1.94)	-0.010* (-1.86)	-0.012** (-2.56)
SIZE	-0.034*** (-13.85)	-0.030*** (-12.15)	-0.029*** (-13.12)
CV	0.001 (1.55)	0.001 (1.42)	0.001 (1.34)
CFO	0.518*** (16.44)	0.416*** (13.27)	0.350*** (12.86)
TQ	0.011*** (7.61)	0.014*** (9.36)	0.015*** (11.61)
MASSET	-0.353*** (-21.59)	-0.271*** (-16.64)	-0.199*** (-13.89)
ROA	0.059*** (3.47)	0.034** (2.07)	0.030** (2.10)
SX	-0.062*** (-3.37)	-0.023 (-1.25)	-0.015 (-0.89)
FH	0.067*** (5.00)	0.048*** (3.62)	0.029*** (2.59)
IDEP	-0.022 (-0.51)	-0.002 (-0.05)	-0.003 (-0.07)
DUAL	0.015*** (2.71)	0.014** (2.52)	0.013** (2.57)
STATE	0.010* (1.84)	0.009* (1.66)	0.006 (1.22)

续表

	滞后一期	滞后两期	滞后三期
Industry	*control*	*control*	*control*
Year	*control*	*control*	*control*
constant	0.937*** (15.89)	0.682*** (11.85)	0.639*** (12.48)
Observations	13468	11195	8986
R^2	0.231	0.207	0.196
F 值	103.67	76.42	58.95

4.4 小结

在不完美的资本市场中，企业普遍面临着融资约束。为了适应外部环境的变化，企业需要储备一定的财务弹性水平，这有利于捕捉未来投资机会或应对不利冲击。在现实中，不同时期不同类型的企业，其财务弹性水平存在差异，哪些因素会影响企业的财务弹性水平，是学者们关注的重要问题。本书以 2007—2015 年我国沪深上市公司为研究对象，从社会资本角度实证检验了银企关联对企业财务弹性储备水平的影响效应。研究发现，企业的银企关联关系与财务弹性水平呈负相关关系，即存在银企关联的企业，倾向于储备较低的财务弹性水平；结合我国特殊的产权制度背景，研究发现，相对于国有企业而言，非国有企业的银企关联对财务弹性的负向作用更显著。区分外部融资约束和未来投资机会进一步研究发现，当上市企业面临较严重的融资约束和较好的投资机会时，银企关联对财务弹性储备水平的负向作用更显著。上述研究结论说明，银企关联是影响企业财务弹性水平的一个重要因素，企业的财务弹性储备决策会依据与银行之间的关联关系进行相机抉择，当企业与银行之间存在关联关系时，企业会选择储备较低的财务弹性水平，反之则会储备较高的财务弹性水平，同时，这种影响效应会因产权性质、外部融资环境及未来投资机会的变化而有显著差异。该研究结论在理论上拓展了财务弹性影响因素的研究视角，也为企业社会资本影响财务决策提供了新的经验证据。在实践上可以引导企业进行科学、合理的财务弹性储备决策，并为国家制定相应的政策提供有益的参考和借鉴。

第5章　银企关联和财务弹性对研发投资的影响研究

自熊彼特提出创新理论后，大量学者强调了创新能力对企业成长的重要性。创新活动是企业增强竞争力，国家提升综合国力，经济实现可持续增长的重要动力。“十一五”期间，我国政府从战略高度提出企业要实现自主创新能力，制定了《国家中长期科学和技术发展规划纲要》。党的十七大报告中又提出建设“创新型国家”，充分说明党和国家对自主创新的高度重视。研发投资是实现科技进步、提高自主创新能力的重要环节和主要方式。根据2015年全国科技经费投入统计公报，2015年我国全社会投入研发经费比2014年增加154.3亿元，增长比例为8.9%；研发投资强度（研发投入经费与国内生产总值之比）为2.07%，比2014年提高0.02个百分点。总体来看，我国的研发经费投入继续保持稳定增长，但研发投资强度却依然不足，仅为2.07%，与发达国家3%左右的水平还有一定差距，研发投资仍有很大的提升空间。作为我国研发主要载体的企业，只有不断增强研发水平，提高自主创新能力，才能走上持续健康的内涵式发展道路。

5.1　理论分析与研究假设

根据信息不对称理论，在不完美的资本市场中，由于内外部融资成本存在差异，企业普遍面临着融资约束。研发活动是企业重要的创新投资活动，属于无形资产投资，与材料、固定资产等实物投资相比，投资风险更大，调整成本更高（Cooper和Haltiwanger，2006），而且持续时间更长

(Brown 和 Petersen，2011)。这些特性使企业的研发创新更容易受到融资约束的影响（康志勇，2013）。Arrow 最早研究了创新与资金之间的关系，他认为，信息不对称使企业受到融资约束，并阻碍企业从事创新类活动。Mohnen（2008）以欧洲企业为样本对象进行研究，发现面临融资约束的企业更可能做出取消或推迟研发项目的决策。我国学者温军等（2011）指出中国企业创新投入偏低的一个重要原因也是融资约束。当前我国经济处于转轨时期，融资约束对研发投资有更明显的抑制作用（谢家智、刘思亚和李后建，2014）。因此，企业要实现研发创新活动，需要持续不断的资金投入做保障。

已有学者从融资来源角度对研发投资进行了大量的研究，一些学者认为，企业可以通过持有现金来实现研发创新。Opler 等（1999）研究发现，研发投资强度越大的企业，其现金持有量也越高，并且那些融资约束较低的企业呈现出较低的现金持有量水平。Bates，Kahle 和 Stulz（BKS，2009）以美国工业企业为研究对象，考察了现金持有量激增的现象，认为企业研发投资的增加是现金持有量激增的主要原因之一。Brown 和 Petersen（2011）提出，为了满足创新活动的资金需求，企业可以事先储备大量现金以平滑研发投资。我国学者唐清泉和徐欣（2010）认为，由于研发投资的特殊性，企业面临更为严重的信息不对称和融资约束，因而企业的研发投资往往得不到债权人资金的支持，而更多地依赖于内部资金。解维敏等（2009）通过考察政府资助对企业研发投资的影响，发现现金持有量与企业 R&D 支出存在显著的正相关关系。吴淑娥等（2016）以我国生物医药制造行业的上市公司为对象，运用系统 GMM 估计方法，探究了现金持有与研发平滑的关系，结果发现，相比财务活动的频繁波动，企业可以运用现金持有来平滑研发，从而使企业的研发投入保持在一个相对稳定的水平。

一些学者认为，企业也可以通过举借债务来获取研发资金。Froot 等（1993）提出，企业要维持在产品市场中的竞争优势地位，需要不断地进行创新，要保持持续的创新投资，就需要有宽松的财务环境。宽松的财务环境，有助于缓冲内部现金流波动对公司研发投资造成的影响。Gustav

Martinsson（2009）基于债务的契约视角研究发现，长期负债与研发投资之间存在债务“悬置效应”（Overhang Effect），当企业负债水平在60%左右时，研发投资与负债之间存在正向关系，但过高或过低的负债则不利于企业研发活动的开展。我国学者温军等（2011）以我国上市企业2004—2008年的数据为样本进行研究，发现研发密集型企业可采用向银行借款的方式为R&D投资进行融资。解维敏和方红星（2011）认为，研发活动需要大量的持续性的资金投入作为保障，而外部融资的获取是影响研发投资的关键因素。

但少有学者将现金决策和资本结构决策进行融合，从企业整体财务弹性视角来探究研发创新活动的资金来源问题。DeAngelo（2007）认为，代理成本与公司税会增加内源融资成本，因此，企业不能单纯以现金持有作为未来投资机遇的资金来源，还应向外部资本市场寻找途径。Bates等（2009）研究发现在外部环境不确定性不断增加的条件下，高现金持有与低财务杠杆的结合使用能够降低企业陷入财务困境的概率。曾爱民等（2013）以金融危机为研究事件，也证实了同时使用高现金持有和低杠杆途径获取财务弹性的企业，较之单一途径获取财务弹性的企业，更有能力抵御不利冲击，其投资水平也相对更高。

因此，我们认为合理的财务弹性储备，可以更有效地缓减研发投资的融资约束。当企业的财务弹性水平较高时，一方面，充足的资金储备，可以满足企业研发创新活动的资金需求，有利于企业做出研发投资决策，增强研发投资意愿；另一方面，及时而低成本的资金重构能力，可以为研发活动提供资金支持，加大实际的研发投入力度。当企业的财务弹性水平较低时，资金储备的不足，不利于企业做出研发投资决策，从而减弱研发投资意愿；同时，资金重构能力的降低，也会减少实际的研发投入，降低研发投资力度。综上分析，我们认为财务弹性水平越高的企业，其研发投资意愿越强，投资力度也越大。

基于以上分析，我们提出本章的第一个研究假设：

H1a：在其他条件不变的情况下，财务弹性水平越高的企业，其研发投资意愿越强。

H1b：在其他条件不变的情况下，财务弹性水平越高的企业，其研发投资力度越大。

研发投资作为企业的内部投资活动，具有一般投资的共性，也存在一定的异质性，其高风险性及持续性的特点，使企业的创新活动面临更为严重的融资约束。企业可以通过储备合理的财务弹性水平，增强未来的资金重构能力，从而缓减研发投资的资金约束。

非正式制度下的银企关系，可以弥补市场机制的缺陷和不足，有助于缓减交易双方的信息不对称。Diamond（1984）研究认为，银企关系作为一种比较重要的社会资本，可以加深银行对企业的了解，缓解银行与企业之间的信息不对称，降低交易成本。Hoshi 等（1991）也发现，紧密的银企关系有助于企业与银行之间进行信息交流，达到最优的帕累托改进，降低银企之间的信息不对称程度，减少未来的不确定性。大量的学者研究也发现，银企关系有助于企业获得银行贷款等外源资金（Berlin 和 Loeys，1988；Agarwal 等，2001；邓建平和曾勇，2011），从而缓减企业的融资约束（唐建新等，2011；程小可等，2013）。即企业与银行之间建立的关联关系有助于缓减信息不对称，增强融资能力，改善企业的外部融资环境。

因此，我们认为，在不同的银企关系下，企业的外部融资约束不同，研发创新对财务弹性的依赖程度或者说财务弹性对研发投资的作用会存在差异。当企业与银行之间存在关联关系时，良好的银企关系有助于缓减研发创新的融资约束，从而降低研发投资对财务弹性的依赖程度，即财务弹性对研发投资的正向作用减弱。而当企业与银行之间无关联关系时，企业的研发创新活动受到更为严重的融资约束，研发投资的资金来源更多地依赖于预先储备的财务弹性，即财务弹性对研发投资的正向作用增强。

基于以上分析，我们提出本章的第二个研究假设：

H2a：当企业与银行之间存在关联关系时，财务弹性对研发投资意愿的正向作用减弱。

H2b：当企业与银行之间存在关联关系时，财务弹性对研发投资力度的正向作用减弱。

5.2 研究设计

5.2.1 样本选择和数据来源

本章以深市和沪市2007—2015年的全部上市公司为样本数据①，对设定模型进行检验。关于研发支出的数据来源，已有研究多为手工收集，但对于相同年份不同文献给出的样本数量有明显差异。我们借鉴鲁桐、党印（2014）对研发数据的选取方法，本书研发支出的数据主要源于国泰安数据库，对于部分缺失数据通过Wind数据库进行补充，并根据年报对全部公司按1/3比例进行抽样核对和补充 。

同时，对样本数据进行了筛选：剔除未单独披露研发数据的样本；剔除金融类的样本；剔除数据缺失的样本。为了剔除异常值的影响，对相关变量用Winsorize方法在1%水平上进行了极端值处理，最终得到了14465个样本。本书所使用的财务数据全部来自CSMAR数据库和Wind数据库，相关数据使用STATA12.0进行处理和分析。

5.2.2 模型设定和变量定义

为了检验理论假设，参考已有学者的研究，构建如下模型：

$$
\begin{aligned}
R\&D\_dec_{it}/R\&D\_pow_{it} = {} & \alpha_0 + b_1 FFI_{it-1} + b_2 SIZE_{it} + b_3 SIZE\_sq_{it} \\
& + b_4 CFO_{it} + b_5 GROWTH_{it} + b_6 AGE_{it} + b_7 ROA_{it} \\
& + b_8 CAPITAL_{it} + b_9 FIRST_{it} + b_{10} FH_{it} + b_{11} IDEP_{it} \\
& + b_{12} DUAL_{it} + b_{13} STATE_{it} + b_{14} Industry_{it} \\
& + b_{15} Year_{it} + \varepsilon_{it} \qquad (5-1)
\end{aligned}
$$

① 财政部于2006年颁布《企业会计准则第6号——无形资产》，对企业披露研究与开发阶段的研发支出做出具体规定。为与该会计准则配套，证监会于2007年对上市公司和拟上市公司研发支出的披露规范做出要求，由此研发支出作为上市公司的披露项目被明文确定下来。因此，考虑到正式的文件规定和样本数量，我们以2007年为起始年份。

5.2.2.1　被解释变量

R&D_ dec 代表研发投资意愿，如果企业当年有研发活动支出则取值为 1，否则取值为 0。*R&D_ pow* 是指研发投资力度，根据研究目的并借鉴国内外文献，本书选择企业当年研发支出与营业收入之比进行度量。

5.2.2.2　主要解释变量

FFI 为主要解释变量，反映企业的财务弹性水平（度量方法同第 4 章），同时考虑财务弹性对研发投资的滞后作用，模型（5-1）中的 *FFI* 用滞后一期表示，并以行业中位数、年度中位数法度量的财务弹性虚拟变量进行稳健性检验。*BC*1 代表银企关系，反映企业与银行之间关联关系，以上市企业高管是否具有银行从业背景来衡量，并以短期借款和长期借款之和除以总负债的比值 *BC*2 作为替代变量，进行稳健性检验。

5.2.2.3　控制变量

借鉴以往文献，控制了以下影响因素，包括企业规模（*SIZE*）、成长性（*GROWTH*）、自由现金流（*CFO*）、企业业绩（*ROA*）、企业年龄（*AGE*）、资本密集度（*CAPITAL*）、实际控制人性质（*STATE*）及公司治理变量，同时还控制了年度和行业效应。各变量的具体名称、符号和定义见表 5-1。

表 5-1　变量名称、符号及定义

变量名称		符　号	定　义
被解释变量	研发投资意愿	*R&D_ dec*	如果企业当年有研发支出取值为 1，没有研发支出则取值为 0
	研发投资力度	*R&D_ pow*	企业当年研发支出÷营业收入
解释变量	财务弹性	*FFI*	度量方法同第 4 章
	银企关系	*BC*1	高管银行背景（度量方法同第 4 章）
控制变量	企业规模	*SIZE*	总资产的自然对数
		SIZE_ sq	*SIZE* 的平方
	企业成长性	*GROWTH*	（本期营业收入-上期营业收入）÷上期营业收入
	自由现金流	*CFO*	年度经营活动现金净流量÷年末总资产
	企业业绩	*ROA*	净利润÷平均资产

续表

变量名称		符 号	定 义
控制变量	企业年龄	*AGE*	企业成立年限的自然对数，其中成立年限=当年年份-成立年份
	实际控制人性质	*STATE*	虚拟变量，如果样本企业为国有企业取值为0，否则为1
	资本密集度	*CAPITAL*	Ln（固定资产÷员工总数）
	股权集中度	*FIRST*	第一大股东所持股份的比例
	股权制衡	*FH*	公司第二大股东到第十大股东持股比例之和
	独立董事比例	*IDEP*	独立董事人数/董事会总人数
	两职合一	*DUAL*	董事长和总经理两职兼任时取值为0，两职分离时取值为1
	年度效应	*Year*	年度虚拟变量
	行业效应	*Industry*	行业虚拟变量

（1）企业规模

Schumpeter是最早研究企业规模和创新之间关系的学者，他提出两种假说，认为大公司和小公司都可以作为创新主体，且各有优势，小公司能有效克服组织的惰性，从而获得技术突破；而大公司具有资金优势，可以建立优良实验室，能够将研发创新成果向实践迅速转化。刘运国等（2007）认为，在企业的研发创新中，大企业与小企业各有优势，大企业可以发挥规模经济优势，而小企业则更具有灵活性。大规模的企业筹资能力和应对风险的能力更强，但规模小的企业反映灵活，更易针对性地进行产品创新。因此，我们在设定模型中引入企业规模和规模的平方作为研发投资的影响因素加以控制。

（2）成长性

成长性好、投资机会多的公司会开展更多研发活动（卢馨等，2013）。我们采用营业收入增长率来衡量企业的成长情况，该指标值越高，表明企业增长速度越快，市场发展前景越好。

（3）自由现金流

研发活动属于企业的一项高风险、高投入的投资活动，企业必须要有充足的资金来保障。稳定的现金流有助于企业各项投资活动的开展，更能促进长期持续的研发活动获得成功。因此，我们将自有现金流作为研发投资的一个影响因素加以控制，并用年度经营活动现金净流量除以期末总资产来度量。

（4）企业业绩

由于研发资金投入具有长期稳定性，因此，需要更多的资金和超额利润来支持，一定程度上企业业绩越好，资金越充裕，更有利于创新活动的开展。许敏等（2010）研究发现，盈利能力强的企业，其研发投入能力相对更高，从而表现出较高的研发投入强度，在本书中我们以净利润与期末总资产的比值来反映上市企业的业绩。

（5）企业年龄

企业年龄可以反映企业的经营年限的长短以及对所在行业的熟悉程度，孙晓华等（2014）研究发现，企业年龄与研发投资行为存在关联关系，成立年限越长的企业，其生产经营的惰性越大，从而导致企业从事研发活动的动力越小。

（6）产权性质

关于产权性质对研发投资的影响，学者们有着不同的观点。一些学者认为，由于研发项目的高风险性和收益滞后性，代理成本较高的国有企业更热衷于将资金用于实现短期发展的投资项目，使国有企业的研发动力较弱（李丹蒙和夏立军，2008）。但另一些学者则观点相反，苏文兵等（2010）以我国制造业上市企业为样本，发现国有上市企业的研发投入强度更高，他们认为，这是由于国有企业稳定的股权结构，使其研发创新表现为一种刚性效应。

（7）资本密集度

资本密集度反映一个企业资本要素的投入情况。研发创新活动在资本密集度不同的企业之间存在较大的差异。成立为等（2012）研究发现，资本密集度对研发创新有正向影响，单位劳动力的资本装备系数越高，研发投入总量和投资强度也越高。在本书中我们用固定资产与员工人数比值的自然对数来衡量上市企业的资本密集度。

（8）公司治理变量

很多学者认为较好的内部治理水平是企业研发创新的制度保障（冯根福和温军，2008；鲁桐和党印，2014）。大量文献从不同维度分析了公司治理机制对企业创新的影响，如高管背景特征以及外部治理环境（冯根福和温军，2008；曾萍和郎绮虹，2012）、股权结构（Becker-Blease，2011；苏文兵，2010）、管理层激励机制（夏芸和唐清泉，2008）及董事会特征（鲁桐和党印，2014）等。本书的研究中，我们选用股权集中度、股权制衡、独立董事比例及两职合一变量来反映公司治理水平，具体计算方法见表 5-1。

同时，为了控制不同行业及不同年度下宏观经济环境对企业研发投资的影响，我们还设置了行业和年度变量。其中，行业变量按照中国证监会行业分类，分为 22 个行业，剔除金融行业后，共设置 20 个行业虚拟变量；对于年度变量，我们选取 2007—2015 年度为样本区间，因模型中解释变量有滞后一期项，所以最终共有 7 个年度虚拟变量。

5.3 实证分析

5.3.1 描述性统计

本节对样本总体的主要变量进行描述性统计分析，统计量包括均值、标准差、中位数、最大值及最小值，统计结果见表 5-2。由表 5-2 可知，样本企业的研发投资意愿 *R&D_ dec* 的均值为 0.208，从总体上看，仅有 1/5 的上市企业具有创新意识，研发投资意愿较弱；研发投资力度 *R&D_ pow* 的均值和中位数分别为 0.032 和 0.016，最大值为 1.032，最小值为 0，说明我国上市企业的实际研发投入总体较低，还有待提高，且最大值和最小值相差较大，企业间研发投资水平存在不均衡的现象。财务弹性 *FFI* 的均值为 0.150，标准差为 0.339，最大值为 1.830，最小值为-0.233，说明我国上市企业的财务弹性水平整体偏低且差异显著。在控制变量方面，规模 *SIZE* 的均值为 21.845，标准差为 1.227，我国上市企业的规模比较均衡，差异不大；自由现金流 *CFO* 标准差为 0.096，说明数据有一定波动性；最大值和最小值分别为 0.383 和-0.272，说明有些公司具有很强的自由现金流，而有些公司则严重缺乏自由现金流；公司治理变量中，第一大股东持股比例的最大值和最小值分别为 0.743 和 0.088，说明有些企业的第一大股东具有较强的控制权；均值和中位数分别为 0.353 和 0.334，说明有超过一半的上市企业，其第一大股东持股比例超过了 1/3，具有较高的股权集中度。第二至第十大股东持股比例 *FH* 的均值为 0.158，表明样本企业的股权制衡度较弱，还有待加强。

表 5-2　样本总体的描述性统计

变量	N	mean	median	sd	min	max
R&D_ dec	14465	0.208	0	0.406	0	1
R&D_ pow	3006	0.032	0.016	0.054	0	1.032
FFI	14465	0.150	0.044	0.339	-0.233	1.830
SIZE	14465	21.845	21.714	1.227	19.081	25.357
CFO	14465	0.049	0.047	0.096	-0.272	0.383
GROWTH	14465	0.202	0.106	0.594	-0.635	4.519
AGE	14465	2.596	2.639	0.420	1.099	3.296
ROA	14465	0.036	0.034	0.058	-0.236	0.205
CAPITAL	14465	12.478	12.437	1.125	9.470	15.723
FIRST	14465	0.353	0.334	0.150	0.088	0.743
FH	14465	0.158	0.159	0.178	-0.496	0.524
DUAL	14465	0.774	1	0.418	0	1
IDEP	14465	0.371	0.333	0.053	0.300	0.571
STATE	14465	0.572	1	0.495	0	1

5.3.2　相关性分析

本节采用了 Pearson 相关性分析，对研发投资的主要变量间的相关性进行检验，结果见表 5-3。由表 5-3 可知，财务弹性 *FFI* 与研发投资意愿和研发力度均正相关，与预期一致，初步可以判定财务弹性对研发投资活动具有正向作用。在控制变量中，上市年龄、企业业绩、资本密集度、产权性质和公司治理变量等均与研发投资显著相关，根据相关性分析的结果初步证明了变量选取的合理性，说明选取的变量能够影响研发投资。另外，各主要变量之间的相关系数均未超过 0.5，说明变量间的相关关系较弱，可以初步判定模型基本不存在多重共线性问题。但相关性分析只是对变量之间的关联关系进行的初步分析，如果想要验证自变量对因变量的影响，还需要后续的回归分析才能得出更为可靠的结论。

5.3.3 回归结果

5.3.3.1 财务弹性和研发投资的实证结果

表 5-4 描述了财务弹性和研发投资关系的回归结果。其中（1）列是财务弹性与研发投资意愿的 Logit 回归检验，结果显示，财务弹性 *FFI* 与研发投资意愿的回归系数为 0.207，在 1%的水平下显著，即财务弹性与研发投资意愿呈正相关关系，财务弹性越高的企业，进行研发投资的愿望越强烈，与假设 H1a 相符。在控制变量方面，公司规模与研发投资意愿在 1%的水平下显著正相关，而规模的平方与其呈负相关关系，这说明上市企业的规模与研发投资意愿之间表现为倒 U 型关系；企业年限与研发投资意愿显著负相关，成立时间较长的企业，发展趋于成熟和稳定，高风险的研发投资会减少，而新成立的企业则更具有创新动力；资本密集度与研发投资意愿在 10%的水平下负相关，劳动密集型企业缺乏竞争优势，进行研发创新的意愿更强烈；在公司治理变量中，研发投资意愿与第一大股东持股比例负相关，与独立董事比例正相关，说明公司治理水平对研发投资有显著的正向作用，公司治理水平越高的企业，进行研发投资的意愿越强。此外，产权性质与研发投资意愿在 1%的水平下显著负相关，这说明国有企业仍然是我国研发创新的主体，也反映了我国政府为主的研发投资特性。

表 5-3　主要变量的相关系数

	R&D_ dec	R&D_ pow	FFI	SIZE	CFO	GROWTH	AGE	ROA	CAPITAL	FIRST	FH	DUAL	IDEP	STATE
R&D_ dec	1.000													
R&D_ pow	—	1.000												
FFI	0.025***	0.148***	1.000											
SIZE	0.002	-0.179***	-0.251***	1.000										
CFO	-0.002	-0.010	0.004	0.054***	1.000									
GROWTH	0.000	-0.003	0.031***	0.043***	0.127***	1.000								
AGE	-0.054***	-0.145***	-0.218***	0.175***	-0.017**	-0.014*	1.000							
ROA	0.038***	0.019	0.195***	0.049***	0.335***	0.189***	-0.110***	1.000						
CAPITAL	-0.076***	-0.132***	-0.176***	0.287***	0.098***	-0.052***	0.075***	-0.107***	1.000					
FIRST	-0.070***	-0.118***	-0.014*	0.257***	0.072***	0.043***	-0.125***	0.089***	0.080***	1.000				
FH	0.050***	0.157***	0.113***	-0.107***	0.038***	0.033***	-0.118***	0.075***	-0.063***	-0.330***	1.000			
DUAL	0.032***	0.099***	0.094***	-0.157***	-0.025***	0.009	-0.110***	0.033***	-0.096***	-0.061***	0.093***	1.000		
IDEP	0.032***	0.022	0.007	0.000	-0.033***	0.008	-0.018**	-0.029***	-0.009	0.033***	-0.006	0.098***	1.000	
STATE	0.046***	0.145***	0.161***	-0.326***	-0.039***	0.039***	-0.195***	0.084***	-0.183***	-0.235***	0.256***	0.258***	0.067***	1.000

注：*、**和***表示 Pearson 相关系数在 10%、5%和 1%的水平上显著。

表5-4的（2）列是财务弹性与研发投资力度的OSL回归检验，结果显示，企业研发投资力度与财务弹性的回归系数为0.015，在1%的水平下显著，即财务弹性与研发投资力度呈正相关关系，财务弹性水平越高，其研发投资力度也越大，与假设H1b一致。在控制变量方面，企业规模与研发投资力度的关系不显著；企业年限与研发投资力度显著负相关，资本密集度与研发投资力度在10%的水平下正相关，说明资本密集型企业的实际研发投入更大，也体现了研发创新活动的持续投入特性；公司治理变量对研发投资力度也有显著的正向作用。

以上实证结果说明，财务弹性对研发投资活动有显著的正向作用，当企业储备较高的财务弹性水平时，充足的资金储备有利于企业做出研发投资决策；及时而低成本的资金重构能力，也会加大研发活动的实际投入力度，即财务弹性有效地缓减了研发投资的融资约束。

表5-4 企业财务弹性对研发投资的影响

变量	(1) *R&D_ dec*	(2) *R&D_ pow*
FFI	0.207*** (2.85)	0.015*** (4.56)
SIZE	2.028*** (4.00)	0.005 (0.29)
SIZE_ sq	-0.041*** (-3.60)	-0.000 (-0.52)
CFO	-0.207 (-0.79)	0.019* (1.88)
GROWTH	0.009 (0.23)	-0.003 (-1.61)
AGE	-0.412*** (-6.91)	-0.013*** (-5.66)
ROA	-0.310 (-0.69)	-0.034 (-1.52)
CAPITAL	-0.042* (-1.67)	0.002* (1.67)
FIRST	-1.220*** (-6.76)	-0.022*** (-3.51)

续表

变量	(1) *R&D_ dec*	(2) *R&D_ pow*
FH	-0. 253 (-1. 60)	0. 013 * * (2. 05)
DUAL	-0. 085 (-1. 57)	0. 002 (0. 75)
IDEP	1. 193 * * * (2. 97)	-0. 001 (-0. 04)
STATE	-0. 235 * * * (-4. 33)	0. 001 (0. 50)
Industry	*control*	*control*
Year	*control*	*control*
Constant	-26. 148 * * * (-4. 62)	-0. 009 (-0. 04)
Observations	14465	3006
R^2	0. 146	0. 156
Wald chi2/F	1714. 18	19. 14

注：括号内为对应的 t 和 Z 值；*、** 和 *** 分别代表 0. 1、0. 05 和 0. 01 的显著性水平（下同）。

5. 3. 3. 2　银企关联、财务弹性和研发投资的实证结果

表 5-5 报告了不同银企关系下财务弹性和研发投资关系的回归结果。将样本企业按照银企关系 *BC*1 分为有银企关联组和无银企关联组，并分别进行回归检验。其中，（1）列和（2）列是财务弹性和研发投资意愿在不同银企关系下的回归检验。由实证结果可知，财务弹性对研发投资意愿的影响在不同的银企关系下差异显著，当企业与银行之间无关联关系时，财务弹性与研发投资意愿的回归系数为 0. 189，显著性水平为 5%，而当企业与银行之间存在关联关系时，财务弹性与研发投资意愿的回归系数为 0. 255，且不再显著，这验证了假设 H2a。

表 5-5 中的（3）列和（4）列是财务弹性和研发投资力度在不同银企关系下的回归检验。由实证结果可知，财务弹性对研发投资力度的影响在

不同的银企关系下差异显著，当企业与银行之间无关联关系时，财务弹性与研发投资力度的回归系数为0.017，显著性水平为1%，而当企业与银行之间存在关联关系时，财务弹性与研发投资力度的回归系数减小为0.011，显著性水平也下降为5%，这验证了假设H2b。

以上实证结果说明，在不同的银企关系下，财务弹性对企业研发投资的影响显著不同。当企业与银行之间存在关联关系时，财务弹性对研发投资的正向作用减弱，银企关联降低了研发创新对财务弹性的依赖程度。银企关联作为企业的一种社会资本，可以弥补市场机制的缺陷和不足，有助于企业获取稀缺的财务资源。企业的财务弹性储备决策会根据银企关联程度进行相机抉择，并最终显著影响企业的研发投资决策。

表5-5 银企关系（*BC*1）下企业财务弹性对研发投资的影响

变量	*R&D_ dec*		*R&D_ pow*	
	(1) 无关联	(2) 有关联	(3) 无关联	(4) 有关联
FFI	0.189** (2.29)	0.255 (1.61)	0.017*** (4.34)	0.011** (2.44)
SIZE	1.734*** (2.89)	3.859*** (3.79)	0.023 (0.78)	-0.068* (-1.95)
SIZE_ sq	-0.036*** (-2.65)	-0.078*** (-3.45)	-0.001 (-0.89)	0.001* (1.83)
CFO	-0.032 (-0.10)	-0.677 (-1.33)	0.010 (0.59)	0.035* (1.80)
GROWTH	0.050 (1.06)	-0.103 (-1.43)	-0.002 (-0.63)	-0.004 (-1.32)
AGE	-0.338*** (-4.78)	-0.551*** (-4.80)	-0.013*** (-4.02)	-0.016*** (-4.44)
ROA	-0.433 (-0.84)	0.258 (0.27)	-0.053** (-2.03)	0.021 (0.60)
CAPITAL	-0.037 (-1.25)	-0.057 (-1.15)	0.003* (1.87)	-0.001 (-0.56)
FIRST	-1.196*** (-5.78)	-1.190*** (-3.12)	-0.020** (-2.13)	-0.029*** (-2.62)

续表

变量	R&D_ dec		R&D_ pow	
	(1) 无关联	(2) 有关联	(3) 无关联	(4) 有关联
FH	-0. 229 (-1. 32)	-0. 188 (-0. 60)	0. 013 (1. 64)	0. 012 (1. 38)
DUAL	-0. 086 (-1. 41)	-0. 140 (-1. 19)	0. 003 (1. 25)	-0. 003 (-0. 86)
IDEP	1. 332*** (2. 91)	0. 822 (0. 95)	-0. 017 (-0. 80)	0. 060** (2. 18)
STATE	-0. 230*** (-3. 73)	-0. 282** (-2. 44)	0. 002 (0. 58)	-0. 002 (-0. 68)
Industry	*control*	*control*	*control*	*control*
Year	*control*	*control*	*control*	*control*
Constant	-22. 699*** (-3. 41)	-47. 386*** (-4. 12)	-0. 222 (-0. 66)	0. 842** (2. 12)
Observations	11274	3191	2285	721
R^2	0. 139	0. 188	0. 146	0. 281
Wald chi2/F	1289. 66	463. 89	9. 61	6. 65

5. 3. 3. 3 进一步研究

(1) 基于不同产权性质的分组实证检验

在我国，产权性质不同的企业所遭受的融资约束差异较大，国有企业在财务和政治上能够得到政府更多的支持，包括政府对国有企业实施从财政补贴到银行贷款再到股市融资的支持（林毅夫和李志赟，2004）。国有企业具有的天然特殊性，使其面临的外部融资约束较小，而非国有企业的融资渠道有限，面临较高的外部融资约束。企业预先储备的财务弹性，可以缓减研发投资的融资约束，产权性质不同的企业，其外部融资约束不同，财务弹性所发挥的创新投资效应会有所差异。

基于此，我们对财务弹性和研发投资的关系，进行不同产权性质下的分组回归检验，其结果见表 5-6。其中，（1）列和（2）列是财务弹性和研发投资意愿在不同产权性质下的回归检验。具体地，非国有企业的财务弹性与研发投资意愿的回归系数为0.305，在1%的水平下显著；而国有企业的财务弹性与研发投资意愿的回归系数减小为-0.062，且不再显著。

表5-6中的（3）列和（4）列是财务弹性和研发投资力度在不同产权性质下的回归检验。具体地，非国有企业的财务弹性与研发投资力度的回归系数为0.028，在1%的水平下显著；而国有企业的财务弹性与研发投资力度的回归系数减小为-0.004，显著性水平也下降为10%。上述结果说明，相对国有企业而言，非国有企业的财务弹性对研发投资的正向作用更显著。

表5-6　不同产权下财务弹性对研发投资的影响

变量	*R&D_ dec*		*R&D_ pow*	
	(1) 非国有企业	(2) 国有企业	(3) 非国有企业	(4) 国有企业
FFI	0.305*** (3.31)	-0.062 (-0.51)	0.028*** (5.52)	-0.004* (-1.69)
SIZE	1.609** (2.12)	3.098*** (3.49)	0.034 (1.14)	0.077*** (4.06)
SIZE_ sq	-0.031* (-1.81)	-0.065*** (-3.30)	-0.001 (-1.34)	-0.002*** (-4.16)
CFO	0.217 (0.66)	-0.710 (-1.53)	0.017 (1.26)	0.005 (0.34)
GROWTH	-0.020 (-0.40)	0.011 (0.15)	-0.002 (-1.02)	-0.003 (-1.47)
AGE	-0.410*** (-5.95)	-0.528*** (-4.17)	-0.008*** (-2.83)	-0.033*** (-8.25)
ROA	-0.188 (-0.32)	-0.357 (-0.48)	-0.087** (-2.55)	0.028 (1.49)
CAPITAL	-0.062** (-1.99)	0.010 (0.23)	0.002 (1.20)	-0.000 (-0.26)
FIRST	-0.968*** (-4.06)	-1.719*** (-5.93)	-0.036*** (-3.73)	-0.015* (-1.84)
FH	-0.002 (-0.01)	-0.625** (-2.52)	0.012 (1.19)	0.005 (0.81)

续表

变量	R&D_ dec		R&D_ pow	
	(1) 非国有企业	(2) 国有企业	(3) 非国有企业	(4) 国有企业
DUAL	-0.014 (-0.22)	-0.349*** (-2.92)	0.004 (1.09)	0.002 (0.50)
IDEP	1.385*** (2.70)	0.872 (1.28)	0.004 (0.16)	-0.025 (-1.61)
Industry	*control*	*control*	*control*	*control*
Year	*control*	*control*	*control*	*control*
Constant	-21.474*** (-2.59)	-38.811*** (-3.87)	-0.326 (-0.96)	-0.757*** (-3.58)
Observations	8268	6197	1852	1154
R^2	0.138	0.184	0.154	0.294
Wald chi2/F	999.72	802.73	13.53	14.62

（2）基于环境不确定性的分组实证检验

不确定性是现代企业经营环境的基本特征之一。已有文献表明，环境不确定性越大，企业储备的财务弹性价值也越大。国外学者 Killi 等（2011）和 Arslan（2014）比较研究了不同环境下财务弹性的价值，均发现当经济环境趋于稳定时，财务弹性的价值较小；而当经济环境不确定时，财务弹性的价值较高，企业的投资支出和业绩水平相对更高。研发投资作为企业的内部投资活动，具有一般投资的共性。在不同的外部环境下，财务弹性对研发投资所发挥的作用会有所差异。基于此，我们用上市企业近三年净利润率的标准离差率 *CV* 衡量环境不确定性，并采用三分位数法将样本企业分为高环境不确定组（上市企业的 *CV* 值高于环境不确定性三分位数的高分位值）和低环境不确定组（上市企业的 *CV* 值低于环境不确定性三分位数的低分位值），分别对财务弹性和研发投资的关系进行回归检验，实证结果见表 5-7。

由（1）列和（2）列可知，在高环境不确定组，财务弹性 *FFI* 和研发投资意愿的回归系数为0.316，且在5%的水平下显著，而在低环境不确定组，其回归系数变为0.233，显著性水平也降为10%。由（3）列和（4）列可知，在高环境不确定组，财务弹性 *FFI* 和研发投资力度的回归系数为0.014，且在1%的水平下显著，而在低环境不确定组，其回归系数为0.017，显著性水平降为5%。

以上结果说明，当外部环境不确定性越大时，企业储备的财务弹性对研发创新活动的正向作用越显著。

表 5-7　环境不确定下财务弹性对研发投资的影响

变量	*R&D_ dec*		*R&D_ pow*	
	(1) 低环境不确定	(2) 高环境不确定	(3) 低环境不确定	(4) 高环境不确定
FFI	0.233* (1.90)	0.316** (2.33)	0.017** (2.13)	0.014*** (2.87)
SIZE	4.340*** (4.93)	0.110 (0.13)	-0.009 (-0.23)	0.005 (0.17)
SIZE_ sq	-0.095*** (-4.76)	0.004 (0.24)	0.000 (0.15)	-0.000 (-0.31)
CFO	-1.081** (-2.31)	-0.114 (-0.25)	-0.001 (-0.04)	0.033* (1.95)
GROWTH	0.122 (1.62)	-0.049 (-0.82)	-0.002 (-0.77)	-0.004* (-1.80)
AGE	-0.158 (-1.58)	-0.553*** (-4.92)	-0.013*** (-2.75)	-0.018*** (-4.34)
ROA	1.412** (2.18)	-2.363** (-2.29)	-0.019 (-0.38)	-0.014 (-0.54)
CAPITAL	0.050 (1.18)	-0.119*** (-2.64)	-0.002 (-0.68)	0.004*** (3.27)
FIRST	-1.044*** (-3.32)	-1.316*** (-4.12)	-0.021 (-1.60)	-0.032*** (-3.03)
FH	-0.397 (-1.53)	-0.152 (-0.57)	0.031* (1.93)	0.004 (0.52)
DUAL	-0.168* (-1.78)	-0.110 (-1.12)	0.008 (1.01)	0.001 (0.34)

续表

变量	R&D_ dec		R&D_ pow	
	(1) 低环境不确定	(2) 高环境不确定	(3) 低环境不确定	(4) 高环境不确定
IDEP	1. 249* (1. 86)	1. 339* (1. 84)	−0. 027 (−0. 81)	0. 013 (0. 58)
STATE	−0. 216** (−2. 34)	−0. 259*** (−2. 66)	0. 003 (1. 01)	−0. 002 (−0. 69)
Industry	*control*	*control*	*control*	*control*
Year	*control*	*control*	*control*	*control*
Constant	−52. 725*** (−5. 38)	−5. 229 (−0. 57)	0. 182 (0. 42)	−0. 016 (−0. 05)
Observations	4777	4836	967	1031
R^2	0. 150	0. 162	0. 140	0. 236
Wald chi2/F	586. 84	599. 21	10. 85	9. 45

（3）基于货币政策的分组实证检验

货币政策是国家调控经济的重要手段。研究表明，货币政策可以通过信贷传导机制对微观企业主体行为产生影响，主要体现为改变企业的融资成本和限制融资规模，进而影响企业的外部融资水平（饶品贵和姜国华，2011）。当宏观货币政策紧缩时，银行信贷规模缩小，贷款利率提高，企业的融资成本增加，对外融资难度加大；反之，当宏观货币政策宽松时，银行信贷规模扩大，贷款利率降低，企业能够以低成本较容易地获得所需资金。因此，在不同的货币政策下，企业的外部融资约束不同，财务弹性对研发投资所发挥的作用会有所差异。基于此，我们将样本期间的货币政策按照紧缩和宽松进行分组①，对财务弹性和研发投资的关系进行分组回归检验，实证结果见表5-8。

① 借鉴陆正飞和杨德明（2011）的做法，使用每年度（M2增长率−GDP增长率−CPI增长率）的差值作为衡量当年货币政策的代理指标，本书将2008年、2011年、2013年、2014年定义为货币政策紧缩期，将2009年、2010年、2012年、2015年定义为货币政策宽松期。

由表 5-8 可知，财务弹性对研发投资的影响，在不同的货币政策下差异显著。具体而言，由（1）列和（2）列可知，在货币政策紧缩时，财务弹性 *FFI* 和研发投资意愿的回归系数为 0.460，在 1%的水平下显著，而在货币政策宽松时，其回归系数减小-0.160，显著性水平降低为 10%。由（3）列和（4）列可知，在货币政策紧缩时，财务弹性 *FFI* 和研发投资力度的回归系数为 0.037，且在 1%的水平下显著，而在货币政策宽松，其回归系数减小为-0.001，且不再显著。以上结果说明，当宏观货币政策趋紧时，企业储备的财务弹性对研发创新活动的正向作用更为显著。

表 5-8　不同货币政策下财务弹性对研发投资的影响

变量	*R&D_ dec*		*R&D_ pow*	
	(1) 货币紧缩	(2) 货币宽松	(3) 货币紧缩	(4) 货币宽松
FFI	0.460*** (3.61)	-0.160* (-1.80)	0.037*** (4.18)	-0.001 (-0.19)
SIZE	2.620*** (3.70)	2.601*** (3.66)	0.042 (1.50)	0.014 (0.53)
SIZE_ sq	-0.053*** (-3.30)	-0.053*** (-3.32)	-0.001 (-1.58)	-0.000 (-0.68)
CFO	-0.443 (-1.26)	-0.520 (-1.42)	0.021 (1.36)	0.009 (0.62)
GROWTH	0.070 (1.19)	-0.089 (-1.62)	-0.005* (-1.79)	-0.002 (-0.76)
AGE	-0.146* (-1.84)	-0.210** (-2.54)	-0.008** (-2.47)	-0.010*** (-2.85)
ROA	-0.999* (-1.66)	0.356 (0.59)	-0.076** (-2.24)	-0.010 (-0.36)
CAPITAL	-0.017 (-0.49)	-0.047 (-1.31)	0.002 (1.51)	0.002 (1.40)
FIRST	-1.116*** (-4.60)	-0.862*** (-3.39)	-0.019** (-2.08)	-0.019** (-2.17)
FH	0.025 (0.13)	0.251 (1.22)	0.025*** (2.98)	0.018*** (2.78)
DUAL	0.005 (0.06)	-0.067 (-0.86)	0.001 (0.18)	0.006 (1.48)

续表

变量	R&D_ dec		R&D_ pow	
	(1) 货币紧缩	(2) 货币宽松	(3) 货币紧缩	(4) 货币宽松
IDEP	1.441*** (2.59)	1.697*** (3.02)	0.006 (0.29)	-0.000 (-0.02)
STATE	-0.071 (-0.98)	-0.076 (-1.01)	0.002 (0.98)	0.004* (1.66)
Industry	*control*	*control*	*control*	*control*
Year	*control*	*control*	*control*	*control*
Constant	-33.551*** (-4.24)	-32.776*** (-4.14)	-0.459 (-1.41)	-0.096 (-0.33)
Observations	7440	7025	1543	1463
Wald chi2/F	796.21	795.64	12.24	10.66
R^2	0.128	0.133	0.158	0.134

5.3.4　稳健性检验

为了夯实前文研究结果的可靠性，我们对设定模型进行了一系列稳健性回归检验。

（1）银企关系稳健性检验

以上市企业的银行债务比例 *BC*2 作为银企关系的替代变量，并采用中位数法将样本企业进行分组，对设定模型重新回归检验。如果上市企业某年的实际银企关系值高于其中位数，则认为企业与银行之间的关联程度较高（或存在关联关系）；如果上市企业某年的实际银企关系值低于其中位数，则认为企业与银行之间的关联程度较低（或无关联关系），并对模型（5-1）进行分组回归检验。

表 5-9 描述了银企关系 *BC*2 的稳健性回归检验结果，其中，（1）列和（2）列是财务弹性与研发投资意愿在不同银企关联程度下的 Logit 回归检验结果。可以看出，当企业与银行之间的关联程度较低时，财务弹性与研

发投资意愿的回归系数为0.271，显著性水平为1%，而当企业与银行之间的关联程度较高时，财务弹性与研发投资意愿的回归系数减小为0.204，显著性水平也降低到10%，再次验证了假设H2a。

（3）列和（4）列是财务弹性与研发投资力度在不同银企关联程度下的OLS回归检验结果。可以看出，当企业与银行之间的关联程度较低时，财务弹性与研发投资力度的回归系数为0.025，显著性水平为1%；而当企业与银行之间的关联程度较高时，财务弹性与研发投资力度的回归系数变为0.001，且不再显著，这验证了假设H2b。

表5-9　银企关系（*BC*2）稳健性检验

变量	*R&D_ dec*		*R&D_ pow*	
	(1) 银企关联低	(2) 银企关联高	(3) 银企关联低	(4) 银企关联高
FFI	0.271*** (2.68)	0.204* (1.77)	0.025*** (4.78)	0.001 (0.26)
SIZE	2.828*** (4.00)	0.570 (0.72)	-0.012 (-0.44)	0.030 (1.47)
SIZE_ sq	-0.058*** (-3.67)	-0.009 (-0.49)	0.000 (0.28)	-0.001 (-1.61)
CFO	-0.060 (-0.16)	-0.382 (-1.00)	0.028* (1.73)	0.000 (0.04)
GROWTH	-0.030 (-0.53)	0.048 (0.81)	-0.003 (-1.15)	-0.002 (-1.35)
AGE	-0.423*** (-5.39)	-0.357*** (-3.77)	-0.014*** (-3.90)	-0.009*** (-4.55)
ROA	-0.222 (-0.36)	-0.144 (-0.21)	-0.038 (-1.05)	-0.022 (-0.88)
CAPITAL	0.050 (1.36)	-0.143*** (-3.75)	0.003* (1.70)	0.001 (1.21)
FIRST	-1.297*** (-5.15)	-1.068*** (-4.00)	-0.022** (-2.37)	-0.020*** (-2.65)
FH	-0.381* (-1.81)	-0.124 (-0.56)	0.015* (1.71)	0.011 (1.30)
DUAL	0.007 (0.10)	-0.173** (-2.14)	-0.002 (-0.55)	0.008* (1.66)

续表

变量	R&D_ dec		R&D_ pow	
	(1) 银企关联低	(2) 银企关联高	(3) 银企关联低	(4) 银企关联高
IDEP	0.857 (1.50)	1.387** (2.46)	-0.002 (-0.09)	-0.010 (-0.52)
STATE	-0.254*** (-3.23)	-0.210*** (-2.72)	-0.000 (-0.03)	0.002 (0.83)
Industry	*control*	*control*	*control*	*control*
Year	*control*	*control*	*control*	*control*
Constant	-35.236*** (-4.47)	-9.605 (-1.08)	0.162 (0.51)	-0.288 (-1.23)
Observations	7118	7347	1614	1392
R^2	0.165	0.137	0.193	0.100
Wald chi2/F	996.88	762.38	12.70	14.44

（2）财务弹性中位数度量法

借鉴陈红兵、连玉君（2013）用行业中位数和年度中位数法，界定财务弹性为虚拟变量，对设定模型进行回归检验。由表 5-10 可知，无论是采用行业中位数法还是年度中位数法，财务弹性水平与研发投资意愿及投资力度均在 1%的水平下呈正相关关系，即财务弹性储备水平越高的企业，其研发投资的意愿越强，研发投资力度也越大，与前文研究结论相一致。

表 5-10　财务弹性中位数度量法

变量	R&D_ dec		R&D_ pow	
	(1) 行业中位数	(2) 年度中位数	(3) 行业中位数	(4) 年度中位数
FFI	0.323*** (6.18)	0.299*** (5.67)	0.015*** (6.82)	0.011*** (5.31)
SIZE	2.233*** (4.36)	2.172*** (4.25)	0.011 (0.62)	0.002 (0.13)

续表

变量	R&D_ dec		R&D_ pow	
	(1) 行业中位数	(2) 年度中位数	(3) 行业中位数	(4) 年度中位数
SIZE_ sq	-0.045*** (-3.91)	-0.044*** (-3.82)	-0.000 (-0.78)	-0.000 (-0.32)
CFO	-0.198 (-0.73)	-0.184 (-0.68)	0.017* (1.78)	0.019* (1.94)
GROWTH	0.017 (0.40)	0.015 (0.36)	-0.003* (-1.71)	-0.003* (-1.93)
AGE	-0.378*** (-6.20)	-0.380*** (-6.22)	-0.013*** (-5.77)	-0.013*** (-5.77)
ROA	-0.816* (-1.78)	-0.750 (-1.64)	-0.057** (-2.57)	-0.047** (-2.20)
CAPITAL	-0.042* (-1.65)	-0.043* (-1.69)	0.002* (1.77)	0.002 (1.57)
FIRST	-1.374*** (-7.85)	-1.349*** (-7.73)	-0.023*** (-3.76)	-0.020*** (-3.32)
FH	-0.348** (-2.37)	-0.337** (-2.30)	0.012* (1.95)	0.014** (2.26)
DUAL	-0.085 (-1.60)	-0.082 (-1.54)	0.002 (0.85)	0.003 (0.90)
IDEP	1.374*** (3.34)	1.412*** (3.44)	-0.005 (-0.34)	-0.002 (-0.14)
STATE	-0.252*** (-4.71)	-0.253*** (-4.71)	0.001 (0.35)	0.001 (0.69)
Industry	*control*	*control*	*control*	*control*
Year	*control*	*control*	*control*	*control*
Constant	-46.180 (-0.07)	-45.305 (-0.07)	-0.077 (-0.38)	0.027 (0.13)
Observations	16690	16690	3116	3116
R^2	0.177	0.177	0.162	0.156
Wald chi2/F	2846.03	2840.07	18.75	19.05

（3）动态面板模型检验

借鉴已有学者的相关研究，前一期的研发投资可能会对当期的投资产生影响，因此，我们在设定模型中引入滞后一期的 *R&D_ dec* 作为解释变量，并采用动态面板方法进行模型估计。系统 GMM 和差分 GMM 是常用的动态面板估计法，本书分别采用两步法对样本数据进行重新检验。据表 5-11 结果显示，在面板模型估计法下，滞后一期的研发投资意愿 *R&D_ dec* 在 1%的水平下显著，这反映了研发投资具有长期稳定的特性。同时，研发投资意愿与财务弹性仍然显著正相关，这与前文研究结果相一致。

表 5-11　动态面板数据模型估计结果

变量	系统 GMM	差分 GMM
L. R&D_ dec	0. 715*** (26. 73)	0. 558*** (12. 71)
FFI	0. 027* (1. 75)	0. 032** (2. 16)
SIZE	0. 209 (1. 06)	0. 130 (0. 68)
SIZE_ sq	-0. 004 (-0. 82)	-0. 002 (-0. 44)
CFO	0. 040 (1. 15)	0. 042 (1. 28)
GROWTH	-0. 007 (-1. 47)	-0. 006 (-1. 30)
AGE	-0. 075 (-1. 33)	-0. 079 (-1. 29)
ROA	-0. 070 (-1. 23)	-0. 084 (-1. 56)
CAPITAL	0. 006 (1. 02)	0. 007 (1. 11)
FIRST	-0. 080 (-1. 11)	-0. 066 (-0. 95)
FH	-0. 013 (-0. 52)	-0. 013 (-0. 57)
DUAL	-0. 011 (-0. 93)	-0. 009 (-0. 84)

续表

变量	系统 GMM	差分 GMM
IDEP	-0.027 (-0.30)	-0.044 (-0.54)
Industry	*control*	*control*
Year	*control*	*control*
Constant	-2.583 (-1.22)	-1.672 (-0.80)
Observations	11975	9601
Wald chi2	973.41	329.54

5.4 小结

本章我们以研发投资意愿和投资力度分别衡量上市企业的研发创新意识和实际投入水平，运用 Logit 模型和 OLS 混合模型，实证检验了银企关联和财务弹性对研发投资的影响效应，得出以下主要结论：

第一，在其他条件不变的情况下，财务弹性水平越高的企业，其研发投资意愿越强。

第二，在其他条件不变的情况下，财务弹性水平越高的企业，其研发投资力度也越大。

第三，当企业与银行之间存在关联关系时，财务弹性对研发投资意愿的正向作用减弱。

第四，当企业与银行之间存在关联关系时，财务弹性对研发投资力度的正向作用减弱。

上述结论说明财务弹性储备水平会直接影响企业的研发创新活动，较高的财务弹性水平有利于缓减研发融资约束。同时，银企关联可以降低研发投资对财务弹性的依赖程度，企业在进行研发资金重构时，银企关联和财务弹性储备水平之间存在一种替代作用，当企业与银行之间存在关联关系时，企业更多地借助银行资源来筹集所需资金；而当企业与银行之间无关联关系时，企业则主要通过储备较高的财务弹性水平来获得资金重构。这一发现为理解银企关联、财务弹性对研发投资的作用机理提供了经验证据。

在此基础上，我们对财务弹性与研发投资的关系，区分产权性质、环境不确定性及不同货币政策，进行分样本检验，发现非国有企业的财务弹性对研发投资的正向作用更显著；外部环境不确定性越大或宏观货币政策趋紧时，财务弹性对研发投资的正向作用越明显，这体现了财务弹性对企业研发创新活动，发挥经济效应的产权特性和外部经济环境特性的重要作用。

我国由于资本市场发展不成熟，企业普遍面临融资约束。研发活动是企业重要的创新投资活动，不仅投资金额较大，而且具有较高的经济风险和资金风险，更容易受到融资约束的影响。企业应该科学、合理储备财务弹性水平，以满足研发投资活动的资金需求；在进行研发投资决策时，要综合考虑储备的资金状况，企业与银行之间的关联关系、产权制度背景及外部经济环境等因素的影响。我国上市企业只有不断增强研发水平，提高自主创新能力，才能走上持续健康的内涵式发展道路。

第6章　银企关联和财务弹性对并购活动的影响研究

近年来，世界经济全球化进程不断加快，企业依靠自身内部资源的积累，通过渐进式的成长方式来应对激烈的市场竞争，已经不能满足现实的需要。随着我国资本市场的不断发展和相关法律制度的逐渐完善，企业间的兼并收购活动日益活跃。并购投资已成为企业的一种外延式成长方式，是企业实现战略扩张、资源优化配置的重要手段。从我国的并购历史来看，1993年的“宝延之争”拉开了上市企业并购的序幕，之后的并购事件层出不穷，特别是2007年美国次贷危机后，由于我国企业产业结构优化调整和转型升级，国内的并购活动掀起了一个又一个浪潮。

但从目前市场发展状况来看，我国并购市场仍处于发展初期。无论是与发达国家还是新兴国家相比，并购市场规模仍然相对较小，并购交易额占GDP的平均比例不足3%，远远低于美国10%的比例，从这个角度来看，我国的并购市场还有很大的发展空间。并购交易的成败直接关系到并购市场规模的大小，因此，研究哪些因素会影响并购交易活动，对促进我国并购市场发展具有重要的现实意义。

6.1　银企关联和财务弹性对并购决策的影响

6.1.1　理论分析与研究假设

在不完美的资本市场中，内外融资成本存在差异，企业普遍面临融资约束。并购交易是企业的一种大额投资行为，必然会受到自身融资能力的影响。Acemoglu，Johnson 和 Mittion（2009）考察了金融发展对企业并购行为的影响，指出金融发展状况是企业实施并购的重要条件，如果一个地区的金融发展比较滞后，即便企业有并购动机，受制于融资能力的不足，企业也无法顺利完成并购交易。Chen 等（2009）通过对上市企业国内和国外并购行为的比较研究，发现相对于国内并购，融资约束降低了国外并购的可能性。Menno（2011）以英国上市公司的数据为样本，考察了融资约束对企业并购活动的影响，研究也表明，外部融资约束显著降低了上市企业实施并购的可能性。因此，企业要实现并购交易，需要有充足的资金来源作为保障和支持。

大量学者从融资来源角度对并购投资进行了研究，一些学者认为，企业可以通过合理的现金储备来实现并购交易。Harford（1999）考察了现金持有水平与公司并购行为的关系，发现二者之间存在显著的相关关系，现金持有水平越高，公司发动并购的可能性也越大。Harford（2005）从行业冲击和资金流动性两方面考察对并购行为的影响，研究指出仅有行业冲击不会掀起行业并购浪潮，还要有宏观层面的资金流动性才能有效推动行业的整合。Celikyurt 等（2010）研究发现，企业可以通过 IPO 方式为并购活动融资。因为企业可以通过 IPO 获得大量的现金，从而为企业实施并购交易提供资金支持。我国学者张芳芳和刘淑莲（2015）采用 Logit 模型和 OLS 混合模型，以我国沪深上市企业 2008—2011 年的数据为样本对象，考察了主并公司现金持有状况与并购决策及并购绩效的相关关系。研究发现，现金持有量会显著影响上市企业的并购行为，现金持有水平较高的企业发动并购的可能性更大。

一些学者认为，企业也可以通过保持低财务杠杆来获取并购资金。Morellec 和 Zhdanov（2008）构建了一个动态并购模型，考察收购方财务杠杆、市场时机与并购条款之间的联合作用对并购交易的影响，研究发现债务在并购活动中起核心作用，决定并购竞标的结果，财务杠杆低于行业平均水平的收购方在并购竞标中能够获胜。Almazan 等（2010）通过研究也发现，拟进行并购的企业为了能够抓住并购机会，通常会保持较低的债务比例，同时，这种现象在高科技或高成长性地区的企业中更加明显。

但少有学者将现金决策和资本结构决策进行融合，从企业整体财务弹性视角来探究并购交易的资金来源问题，这也为本书的研究提供了契机。Bates 等（2009）研究认为，高现金持有与低财务杠杆的结合使用能够降低企业陷入财务困境的概率。曾爱民等（2013）以金融危机为研究背景，也证实了同时使用高现金持有和低杠杆途径获取财务弹性的企业，更有能力抵御不利冲击，其投资水平也相对更高。

并购作为企业的外部投资活动，具有一般投资的共性，也有其特殊性，交易金额巨大且具有不确定性，需要大量的资金储备才能得以实现。因此，我们认为，财务弹性储备水平对并购决策有正向作用。当企业的财务弹性水平较高时，充足的资金储备可以满足企业并购活动的资金需求，有利于企业做出并购决策，增加并购的频次；而当企业的财务弹性水平较低时，资金储备的不足会降低企业实施并购的动机和频次。基于此，我们提出第一个假设：

H1：在其他条件不变的情况下，财务弹性水平越高的企业，发动并购的动机越大，并购的频次更高。

并购交易作为企业的外延式成长方式，有利于企业实现战略扩张和资源优化配置，但其投资金额的巨大及不确定特性，使企业的并购活动面临更为严重的融资约束。企业通过事先储备合理的财务弹性水平，可以增强未来的资金筹集能力，从而缓减并购投资的资金约束。

非正式制度下的银行关联，作为企业的一种重要社会资本，可以弥补市场机制的缺陷和不足，降低企业与银行之间的信息不对称（Diamond，1984；Hoshi 等，1991）。良好的银企关系有助于企业获得银行贷款等外源资金（Berlin 和 Loeys，1988；邓建平和曾勇，2011），从而缓减企业的融资约束（程小可等，2013）。即企业与银行之间建立的关联关系能够增强企业的融资能力，改善企业的外部融资环境。

因此，我们认为，在不同的银企关系下，企业的外部融资约束不同，并购活动对财务弹性的依赖程度或者说财务弹性对并购投资的作用会存在差异。当企业与银行之间存在关联关系时，良好的银企关系有助于缓减并购活动的融资约束，从而降低并购投资对财务弹性的依赖程度，即财务弹性对并购投资的正向作用减弱。当企业与银行之间无关联关系时，企业的并购活动受到更为严重的融资约束，并购投资的资金来源更多地依赖预先储备的财务弹性，即财务弹性对并购投资的正向作用增强。

基于以上分析，我们提出第二个研究假设：

H2：当企业与银行之间存在关联关系时，财务弹性对并购投资的正向作用减弱。

6.1.2　研究设计

6.1.2.1　样本选择和数据来源

本章以 2007—2015 年我国沪深上市公司发生的并购事件为初始样本，根据研究需要，对样本进行了筛选①，最终得到 12255 个观测值，构成上市公司并购样本数据。本章所使用的数据主要包括公司财务数据、并购事件数据和银行关联数据。其中，并购事件数据来自 CSMAR 上市公司并购重组研究数据库，主并公司的财务数据来自 CSMAR 财务报表和公司治理数据库。为了克服财务指标离群值的影响，我们在 1%水平下对相关数据进行了缩尾（Winsorize）处理，并运用 STATA12. 0 软件进行数据分析。

6.1.2.2　模型构建与变量定义

借鉴已有文献，构建如下模型进行假设检验：

$$
\begin{aligned}
MA\_dec_{it}/MA\_sum_{it} = {} & a_0+b_1FFI_{it-1}+b_2SIZE_{it}+b_3CFO_{it}+b_4ROA_{it}+b_5TQ_{it+1} \\
& +b_6LOSS_{it}+b_7GROWTH_{it}+b_8STATE_{it}+b_9FIRST_{it} \\
& +b_{10}FH_{it}+b_{11}RISK_{it}+b_{12}Year_{it}+b_{13}Industry_{it}+\varepsilon_{it}
\end{aligned}
\tag{6-1}
$$

① 剔除金融保险行业以及财务指标存在缺失值或异常值的上市公司；剔除 ST、PT 公司；将并购限定为上市公司资产收购、股权转让和吸收合并的行为，不包括资产剥离、资产置换和债务重组、股份回购等广义形式的并购事件；对于同一主并公司在一年内宣告两笔或两笔以上的并购交易，仅保留该上市公司在该年内宣告交易总价最大的并购交易。

（1）被解释变量

被解释变量 *MA_ dec* 代表并购动机，为虚拟变量，用来衡量企业发动并购的可能性。如果上市企业在特定年份发起了并购交易，*MA_ dec* 取值为1；如果上市企业在特定年份没有发起并购交易，则 *MA_ dec* 取值为0。*MA_ sum* 代表并购频次，用来衡量上市企业在特定年份发动并购交易活动的次数。本书以并购动机和并购频次这两个变量来反应上市企业的并购决策，对设定模型进行实证检验。

（2）主要解释变量

FFI 为主要解释变量，反映企业的财务弹性（度量方法同第4章），同时考虑财务弹性对并购决策的滞后作用，设定模型中的 *FFI* 用滞后一期表示，并以行业中位数、年度中位数法度量的财务弹性虚拟变量进行稳健性检验。*BC*1 代表银企关系，反映企业与银行之间的关联关系，以上市企业高管是否具有银行从业背景来衡量。

（3）控制变量

借鉴以往文献，模型中控制了一系列影响企业并购决策的相关因素，包括规模、企业业绩、自由现金流、投资机会、成长性、经营风险、产权性质及公司治理变量等。上市公司的规模（*SIZE*）会影响企业的发展战略，对并购决策产生规模效应，一般地，规模较大的企业拥有市场和资源优势，有助于企业并购交易的实施，本书以期末总资产的自然对数来衡量；并购投资是企业的一种大额投资活动，稳定的现金流有助于企业并购交易的实施，并能促进管理者做出并购决策，因此，在设定模型中控制了自由现金流这一影响因素；财务绩效对于并购决策具有深远的影响，企业业绩（*ROA*）越好，即盈利能力越强，其积累的财富和资源就越多，从而可为发动并购创造有利条件；Roll（1986）和 Harford（1999）均认为，成长性（*GROWTH*）高的上市公司更有可能发动并购，本书以营业收入增长率衡量上市公司的成长性，以检验上市公司的成长性与并购决策之间的关系；公司的投资机会（*TQ*）越多，代理成本就越小，信息不对称程度就越低（Harford，1999）也越有可能抓住有利的并购机会；公司经营风险

（*RISK*）越大，越可能发生并购，我们使用上市企业近三年资产利润率的标准差来反映企业的经营风险水平；公司治理变量中，第一大股东持股比例越高，作为企业所有者的地位更加凸显，在进行并购决策时会更加谨慎；合理的股权制衡可以完善公司治理水平，有利于企业做出并购决策。

此外，考虑我国特殊的产权制度背景，本书还控制了产权性质（*STATE*）虚拟变量，并设置了行业（*Industry*）和年度（*Year*）虚拟变量，用来控制行业和年度对研究结果的影响，各变量的名称、符号和具体定义见表 6-1。

表 6-1　变量名称、符号及定义

	变量名称	符　号	定　义
被解释变量	并购动机	*MA_ dec*	如果上市公司在特定年份发起了并购交易，则 *MA_ dec* 取值为 1；如果上市公司在特定年份没有发起并购交易，则 *MA_ dec* 取值为 0
	并购频次	*MA_ sum*	上市公司在特定年份发起并购交易活动的次数
解释变量	财务弹性	*FFI*	度量方法同第 4 章
	银企关系	*BC*1	高管银行背景（度量方法同第 4 章）
控制变量	企业规模	*SIZE*	总资产的自然对数
	自由现金流	*CFO*	年度经营活动现金净流量/年末总资产
	产权性质	*STATE*	虚拟变量，国企为 0，否则为 1
	企业成长性	*GROWTH*	（本期营业收入-上期营业收入）÷上期营业收入
	企业业绩	*ROA*	净利润÷平均资产
	投资机会	*TQ*	并购下一年投资支出的自然对数，其中投资支出为现金流量表中“购买固定资产、无形资产和其他长期资产支付的现金”数值
	股权集中度	*FIRST*	第一大股东所持股份的比例
	股权制衡	*FH*	公司第二大股东到第十大股东持股比例之和
	是否亏损	*LOSS*	上年度发生亏损取值为 1，否则取值为 0
	经营风险	*RISK*	上市企业近三年资产利润率的标准差
	年度效应	*Year*	选取 2007—2015 年，因设定模型中有提前一期和滞后一期变量，故共设置共 6 个年度虚拟变量
	行业效应	*Industry*	按照证监会行业分类标准，剔除金融保险行业后，共设置 20 个行业虚拟变量

6.1.3 实证分析

6.1.3.1 描述性统计

本节对企业并购决策的总体样本进行描述性统计分析，表 6-2 报告了主要变量的描述性统计结果。由表 6-2 可知，2008—2014 年，我国沪深上市企业中有 36.8%的公司实施了并购活动，随着我国资本市场的不断发展，企业间的兼并收购活动日益活跃。并购活动成为企业的一种重要成长方式，是企业实现战略扩张、资源优化配置的重要手段。财务弹性 *FFI* 均值为 0.157，标准差为 0.359，最大值和最小值相差较大，我国企业的财务弹性水平整体偏低且差异显著。在控制变量方面，企业的规模均值为 21.777，标准差为 1.213，我国上市企业的规模比较均衡，差异不大。未来投资机会 *TQ* 的均值和中位数分别为 18.339 和 18.478，从总体上来看，上市企业具有良好的投资机会。自由现金流 *CFO* 的最大值和最小值分别为 0.255 和-0.210，相差较大，说明有些公司具有很强的自由现金流，而有些公司则严重缺乏自由现金流。企业的成长性、盈利能力和经营风险的均值分别为 0.202、0.071 和 0.031，说明在样本期间内上市企业的整体业绩较好，但也存在一定的经营风险。在公司治理变量中，第一大股东持股比例的均值和中位数分别为 0.357 和 0.338，说明 50%以上的企业第一大股东持股比例超过了 1/3，具有较高的股权集中度。第二至第十大股东持股比例 *FH* 的均值和中位数均为 0.147 和 0.148，说明超过 50%的企业，其股权制衡度低于 20%，相对较弱。

表 6-2 各主要变量的描述性统计

变量	N	mean	sd	median	min	max
MA_ dec	12255	0.368	0.482	0	0	1
MA_ sum	12255	0.735	1.507	0	0	26
FFI	12255	0.157	0.359	0.044	-0.237	1.957
SIZE	12255	21.777	1.213	21.648	19.067	25.251

续表

变量	N	mean	sd	median	min	max
TQ	12255	18.339	1.896	18.478	11.919	22.563
CFO	12255	0.041	0.078	0.041	-0.210	0.255
GROWTH	12255	0.202	0.546	0.117	-0.618	4.073
ROA	12255	0.071	0.141	0.073	-0.789	0.484
FIRST	12255	0.357	0.151	0.338	0.088	0.748
FH	12255	0.147	0.185	0.148	-0.518	0.520
RISK	12255	0.031	0.054	0.015	0.001	0.434
LOSS	12255	0.094	0.292	0	0	1
STATE	12255	0.560	0.496	1	0	1

6.1.3.2　主要变量的相关性分析

本节采用了 Pearson 相关性分析，对设定模型的主要变量之间的相关性进行检验，结果见表 6-3 所示。由表 6-3 可知，财务弹性 *FFI* 与并购动机 *MA_ dec* 及并购频次 *MA_ sum* 均呈正相关关系，初步可以判定财务弹性水平越高的企业，实施并购交易的动机越大，并购频次也越高。在控制变量中，公司规模、成长性、企业业绩、股权集中度、股权制衡以及产权性质与并购动机及并购频次显著相关，说明选取的主要变量能够影响并购投资决策，具有一定的合理性。另外，各回归变量间的相关系数未超过 0.5，表明变量间基本不存在多重共线性问题。但相关性分析只是对变量之间的关联关系进行初步分析，要验证自变量对因变量的实际影响，还需要通过回归分析才能得出更为可靠的结论。后文将在控制企业特征和公司治理等因素及年度和行业效应以后，对上述关系做进一步的检验。

表 6-3 主要变量的相关系数

变量	*MA_ dec*	*MA_ sum*	FFI	*SIZE*	*TQ*	*CFO*	*GROWTH*	*ROA*	*FIRST*	*FH*	*RISK*	*LOSS*	*STATE*
MA_ dec	1.000												
MA_ sum	—	1.000											
FFI	0.036***	0.032***	1.000										
SIZE	0.068***	0.091***	-0.259***	1.000									
TQ	0.091	0.006	-0.147***	0.624***	1.000								
CFO	-0.007	-0.007	-0.000	0.030***	0.197***	1.000							
GROWTH	0.067***	0.058***	0.027***	0.054***	0.042***	0.021**	1.000						
ROA	0.083***	0.080***	0.071***	0.184***	0.207***	0.228***	0.227***	1.000					
FIRST	0.019**	0.016*	-0.020**	0.263***	0.166***	0.055***	0.061***	0.117***	1.000				
FH	0.021**	0.014	0.124***	-0.136***	-0.027***	0.030***	0.011	0.028***	-0.323***	1.000			
RISK	0.014	0.005	0.021**	0.034***	0.051***	0.011	-0.003	0.112***	0.033***	0.006	1.000		
LOSS	-0.076***	-0.052	-0.097***	-0.112***	-0.162	-0.134***	-0.144***	-0.543***	-0.079***	-0.023***	-0.114***	1.000	
STATE	0.038***	0.022**	0.166***	-0.332***	-0.175***	-0.050***	0.021**	0.009	-0.225***	0.249***	0.008	-0.025***	1.000

注：*、** 和 *** 表示 Pearson 相关系数在 10%、5%和 1%的水平上显著。

6.1.3.3　回归结果

（1）财务弹性与并购决策的实证结果

表 6-4 描述了财务弹性和并购动机 *MA_ dec* 的回归结果。基于因变量是 0~1 虚拟变量，故对设定模型进行 Logit 回归检验。其中，（1）列是财务弹性与并购动机直接回归的结果，可以看出财务弹性与并购动机在 1%的水平下显著正相关。

表 6-4 的（2）列是在（1）列的基础上加入企业特征和公司治理变量进行回归检验的结果。结果显示，财务弹性与并购动机的回归系数为 0.231，在 1%的水平下显著，这验证了假设 H1，财务弹性越高的企业，实施并购的动机越大。在控制变量中，企业规模 *SIZE* 与并购动机在 1%的水平下显著为正，企业规模越大，资金约束越小，实施并购的可能性越大。成长性和盈利能力与并购动机在 1%的水平下显著为正，而是否亏损与并购动机显著负相关，这说明成长性和盈利能力好的企业更可能实施并购活动。投资机会 *TQ* 与并购动机正相关，而自由现金流 *CFO* 与并购动机负相关。这说明，未来投资机会和内部现金流也是企业实施并购决策时考虑的重要影响因素。而公司治理变量对并购动机的影响不明显，产权性质 *STATE* 与并购动机在 1%的水平下显著正相关，在我国特殊的产权制度背景下，非国有企业将并购活动作为实施战略扩张、不断成长的重要方式。

表 6-4 的（3）列是在（2）列的基础上考虑了年度和行业的影响，可以看出模型的 R^2 从 0.017 提高到了 0.026，即在考虑了年度和行业的影响之后，模型的拟合优度得到了显著的提高，而财务弹性与并购动机仍然在 1%的水平下显著正相关，这再次验证了假设 H1。

表 6-4　财务弹性对企业并购动机的影响

变量	（1）	（2）	（3）
FFI	0.203*** （3.95）	0.231*** （4.21）	0.171*** （2.77）
SIZE		0.060*** （2.75）	−0.001 （−0.04）

续表

变量	(1)	(2)	(3)
TQ		0.087*** (6.41)	0.147*** (9.16)
CFO		-0.980*** (-3.79)	-1.008*** (-3.77)
GROWTH		0.173*** (4.93)	0.155*** (4.32)
ROA		0.633*** (3.48)	0.479*** (2.61)
FIRST		0.063 (0.46)	-0.033 (-0.23)
FH		0.115 (1.04)	0.038 (0.31)
RISK		0.000 (0.06)	0.001 (0.11)
LOSS		-0.262*** (-3.16)	-0.303*** (-3.60)
STATE		0.219*** (5.19)	0.287*** (6.38)
Industry	*no*	*no*	*control*
year	*no*	*no*	*control*
Constant	-0.573*** (-27.92)	-3.687*** (-9.36)	-3.001*** (-6.86)
Observations	12255	12255	12255
Wald chi2	15.46	276.35	429.70
Pseudo R^2	0.001	0.017	0.026

注：括号内为对应的 z 值；*、**和***分别代表 0.1、0.05 和 0.01 的显著性水平（下同）。

表 6-5 描述了财务弹性和并购频次的回归结果。因并购频次属于计数变量，故对设定模型进行 Poisson 回归检验。其中，（1）列是财务弹性与并购频次直接回归的结果，可以看出财务弹性与并购频次在 1%的水平下显著正相关。在（1）列基础上加入企业特征和公司治理变量进行回归检

验，（2）列结果显示，财务弹性与并购频次的回归系数为 0.254，在 1%的水平下显著，这也验证了假设 H1，财务弹性水平越高的企业，实施并购的频次也越高。（3）列是在（2）列的基础上考虑了年度和行业的影响，可以看出模型的 R^2 从 0.023 提高到了 0.037，即在考虑了年度和行业的影响之后，模型的拟合优度得到了显著的提高，而财务弹性与并购频次仍然在 1%的水平下显著正相关，这也再次验证了假设 H1。以上实证结果表明，财务弹性储备水平会直接影响企业的并购投资决策，较高的财务弹性水平有利于缓减并购融资约束。

表 6-5　财务弹性对并购频次的影响

变量	(1)	(2)	(3)
FFI	0.168*** (3.39)	0.254*** (5.09)	0.154*** (2.73)
SIZE		0.121*** (5.22)	0.075*** (3.11)
TQ		0.061*** (4.13)	0.108*** (7.05)
CFO		-0.863*** (-3.35)	-0.690*** (-2.71)
GROWTH		0.102*** (4.02)	0.076*** (2.95)
ROA		0.952*** (4.46)	0.659*** (3.24)
FIRST		-0.069 (-0.52)	-0.128 (-0.92)
FH		0.087 (0.84)	0.129 (1.17)
RISK		-0.006 (-0.84)	-0.005 (-0.74)
LOSS		-0.060 (-0.67)	-0.108 (-1.19)
STATE		0.181*** (4.49)	0.239*** (5.41)
Industry	*no*	*no*	*control*

续表

变量	(1)	(2)	(3)
year	*no*	*no*	*control*
Constant	−0.336*** (−16.61)	−4.284*** (−10.96)	−3.774*** (−8.74)
Observations	12255	12255	12255
Wald chi2	11.52	230.21	433.22
Pseudo R^2	0.001	0.023	0.037

（2）银企关联、财务弹性与并购决策的实证结果

表6-6的（1）列和（2）列报告了不同银企关系下财务弹性和并购动机的回归结果。将样本企业按照银企关系 *BC*1 分为有银企关联组和无银企关联组，并分别进行 logit 回归检验。其中，（1）列是无银企关联组下对模型的回归检验，（2）列是有银企关联组下的回归检验。结果显示，当企业与银行之间无关联关系时，财务弹性与并购动机的回归系数为0.180，显著性水平为5%；而当企业与银行之间存在关联关系时，财务弹性与并购动机的回归系数为0.158，不再显著，这验证了假设H2。

表6-6的（3）列和（4）列报告了不同银企关系下财务弹性和并购频次的回归结果。其中，（3）列是无银企关联组下对设定模型的回归检验，（4）列是有银企关联组下的回归检验。结果显示，当企业与银行之间无关联关系时，财务弹性与并购频次的回归系数为0.144，显著性水平为5%；而当企业与银行之间存在关联关系时，财务弹性与并购频次的回归系数为0.193，显著性水平下降为10%，这也验证了假设H2。

上述实证结果说明，银企关联降低了并购投资对财务弹性的依赖程度，企业在进行并购资金重构时，银企关联和财务弹性储备水平之间存在一种替代作用，当企业与银行之间存在关联关系时，企业更多地借助于银行资源来筹集所需资金；而当企业与银行之间无关联关系时，企业则主要通过储备较高的财务弹性水平来获得资金重构，该发现为理解银企关联和

财务弹性对并购投资的作用机理提供了新的经验证据。

表 6-6　银企关系（*BC*1）分组下财务弹性对并购决策的影响

变量	*MA_ dec*		*MA_ sum*	
	(1) 无关联	(2) 有关联	(3) 无关联	(4) 有关联
FFI	0.180** (2.55)	0.158 (1.22)	0.144** (2.18)	0.193* (1.73)
SIZE	-0.007 (-0.25)	0.010 (0.20)	0.060** (2.16)	0.114** (2.28)
TQ	0.157*** (8.39)	0.110*** (3.43)	0.123*** (6.94)	0.061** (2.02)
CFO	-0.844*** (-2.73)	-1.458*** (-2.72)	-0.729** (-2.52)	-0.625 (-1.23)
GROWTH	0.172*** (4.13)	0.113 (1.58)	0.100*** (3.44)	0.008 (0.15)
ROA	0.530** (2.49)	0.364 (0.99)	0.729*** (3.22)	0.545 (1.21)
FIRST	-0.144 (-0.88)	0.375 (1.26)	-0.233 (-1.49)	0.258 (0.87)
FH	-0.015 (-0.11)	0.202 (0.81)	0.038 (0.30)	0.452** (2.00)
RISK	0.002 (0.23)	-0.004 (-0.22)	-0.010 (-1.31)	0.013 (0.78)
LOSS	-0.240** (-2.51)	-0.517*** (-2.82)	-0.083 (-0.85)	-0.191 (-0.85)
STATE	0.318*** (6.18)	0.141 (1.49)	0.265*** (5.27)	0.132 (1.41)
Industry	*control*	*control*	*control*	*control*
year	*control*	*control*	*control*	*control*
Constant	-3.099*** (-6.13)	-2.405*** (-2.68)	-3.738*** (-7.68)	-3.771*** (-4.06)
Observations	9581	2674	9581	2674
Waldchi2	342.13	109.30	387.01	108.22
Pseudo R^2	0.027	0.031	0.039	0.042

(3) 进一步研究

第一，基于不同产权性质的分组实证检验。在我国，产权性质不同的企业所遭受的融资约束差异较大，国有企业在财务和政治上能够得到政府更多的支持，包括政府对国有企业实施从财政补贴到银行贷款再到股市融资的支持（林毅夫和李志赟，2004）。国有企业具有的天然特殊性，使其面临的外部融资约束较小，而非国有企业的融资渠道有限，面临较高的外部融资约束。企业预先储备的财务弹性，可以缓减并购投资的融资约束，产权性质不同的企业，其外部融资约束不同，财务弹性所发挥的并购投资效应会有所差异。

基于此，我们对财务弹性和并购动机及并购频次的关系，进行不同产权性质下的分组回归检验，实证结果见表 6-7。由（1）列和（2）列可知，产权性质不同的企业，其财务弹性对并购动机的影响差异显著。具体地，非国有企业的财务弹性与并购动机的回归系数为 0. 225，在 1%的水平下显著；而国有企业的财务弹性与并购动机的回归系数为 0. 085，且不再显著。

由（3）列和（4）列可知，产权性质不同的企业，其财务弹性对并购频次的影响也不同。具体地，非国有企业的财务弹性与并购频次的回归系数为 0. 199，在 1%的水平下显著；而国有企业的财务弹性与并购频次的回归系数为-0. 014，且不再显著。以上结果说明相对于国有企业而言，非国有企业的财务弹性对并购投资决策的正向作用更显著。

表 6-7 不同产权性质下财务弹性对企业并购决策的影响

变量	*MA_ dec*		*MA_ sum*	
	(1) 国有企业	(2) 非国有企业	(3) 国有企业	(4) 非国有企业
FFI	0. 085 (0. 78)	0. 225*** (2. 90)	-0. 014 (-0. 14)	0. 199*** (2. 89)
SIZE	-0. 041 (-1. 06)	0. 049 (1. 40)	0. 047 (1. 20)	0. 115*** (3. 78)
TQ	0. 191*** (7. 44)	0. 111*** (5. 23)	0. 153*** (6. 11)	0. 074*** (3. 84)

续表

变量	*MA_ dec*		*MA_ sum*	
	(1) 国有企业	(2) 非国有企业	(3) 国有企业	(4) 非国有企业
CFO	-1.478*** (-3.44)	-0.718** (-2.07)	-0.780* (-1.86)	-0.583* (-1.80)
GROWTH	0.181*** (3.23)	0.127*** (2.71)	0.070* (1.65)	0.068** (2.06)
ROA	0.693** (2.42)	0.330 (1.35)	0.883*** (3.08)	0.529* (1.82)
FIRST	-0.377* (-1.71)	0.274 (1.42)	-0.522** (-2.15)	0.220 (1.28)
FH	-0.281 (-1.51)	0.268 (1.63)	-0.340** (-2.00)	0.475*** (3.26)
RISK	-0.015 (-1.36)	0.014 (1.31)	-0.013 (-1.30)	0.003 (0.28)
LOSS	-0.161 (-1.26)	-0.397*** (-3.48)	0.039 (0.30)	-0.191 (-1.50)
Industry	*control*	*control*	*control*	*control*
year	*control*	*control*	*control*	*control*
Constant	-2.593*** (-4.15)	-3.362*** (-5.48)	-3.482*** (-5.11)	-4.174*** (-7.66)
Observations	5390	6865	5390	6865
Waldchi2	241.76	238.85	317.01	209.40
Pseudo R^2	0.034	0.026	0.052	0.035

第二，基于环境不确定性的分组实证检验。不确定性是现代企业经营环境的基本特征之一。已有文献表明，环境不确定性越大，企业储备的财务弹性价值越大，公司投资水平更高（Killi 等，2011；Arslan，2014）。并购交易作为企业的外部投资活动，具有一般投资的共性，在不同的外部环境下，财务弹性对并购投资发挥的效应也会有所差异。

基于此，我们以上市企业近三年净利润率的标准离差率 *CV* 衡量环境不确定性，并采用三分位数法将样本企业分为高环境不确定组和低环境不确定组，分别对财务弹性和并购动机及并购频次的关系进行回归检验，实证结果见表 6-8。

由（1）列和（2）列可知，不同的外部环境下财务弹性对并购动机的影响差异显著。具体地，在高环境不确定组，财务弹性 *FFI* 和并购动机的回归系数为 0.177，且在 5%的水平下显著，而在低环境不确定组，其回归系数减小为 0.144，显著性水平下降为 10%。由（3）列和（4）列可知，不同的外部环境下财务弹性对并购频次的影响也不同。具体地，在高环境不确定组，财务弹性 *FFI* 和并购频次的回归系数为 0.183，且在 10%的水平下显著；而在低环境不确定组，其回归系数减小为 -0.021，且不再显著。

上述实证结果说明，当外部环境不确定性越大时，企业储备的财务弹性对并购投资决策的正向作用更显著。

表 6-8　环境不确定下财务弹性对企业并购决策的影响

变量	*MA_ dec*		*MA_ sum*	
	(1) 低环境不确定	(2) 高环境不确定	(3) 低环境不确定	(4) 高环境不确定
FFI	0.144* (1.76)	0.177** (2.22)	-0.021 (-0.22)	0.183* (1.74)
SIZE	-0.024 (-0.57)	-0.006 (-0.16)	0.066 (1.42)	0.072* (1.85)
TQ	0.154*** (5.68)	0.144*** (5.45)	0.110*** (3.80)	0.094*** (3.69)
CFO	-0.619 (-1.32)	-0.753* (-1.73)	-0.186 (-0.39)	-0.575 (-1.40)
GROWTH	0.185*** (2.83)	0.063 (1.25)	0.032 (0.63)	0.041 (1.09)
ROA	0.249 (0.98)	0.784** (2.48)	0.598* (1.92)	0.244 (0.79)
FIRST	0.061 (0.24)	-0.561** (-2.39)	0.008 (0.03)	-0.565*** (-2.61)
FH	0.158 (0.80)	-0.092 (-0.48)	0.264 (1.28)	0.032 (0.18)

续表

变量	MA_dec		MA_sum	
	(1) 低环境不确定	(2) 高环境不确定	(3) 低环境不确定	(4) 高环境不确定
RISK	0.002 (0.92)	-0.003 (-1.13)	0.015 (1.11)	-0.020 (-1.27)
LOSS	-0.159 (-1.32)	-0.360*** (-2.76)	-0.057 (-0.41)	-0.147 (-1.10)
STATE	0.173** (2.19)	0.256*** (3.46)	0.226*** (2.76)	0.234*** (3.32)
Industry	*control*	*control*	*control*	*control*
year	*control*	*control*	*control*	*control*
Constant	-3.244*** (-4.32)	-2.960*** (-4.18)	-4.119*** (-5.29)	-3.003*** (-4.53)
Observations	4024	4169	4024	4169
Waldchi2	137.68	128.94	183.11	182.57
Pseudo R^2	0.026	0.023	0.046	0.035

第三，基于货币政策的分组实证检验。在不同的货币政策下，企业的外部融资环境不同，当宏观货币政策紧缩时，银行信贷规模缩小，贷款利率提高，企业的融资成本增加，对外融资难度加大；反之，当宏观货币政策宽松时，银行信贷规模扩大，贷款利率降低，企业能够以低成本较容易地获得所需资金。因此，在不同的货币政策下，财务弹性对并购投资所发挥的作用会有所差异。基于此，我们将样本期间的货币政策按照紧缩和宽松进行分组，对财务弹性与并购决策之间的关系进行分组回归检验，实证结果见表 6-9。

由表 6-9 可知，财务弹性对并购决策的影响，在不同的货币政策下差异显著。具体地，由（1）列和（2）列可知，在货币政策紧缩时，财务弹性 *FFI* 和并购动机的回归系数为 0.197，在 1%的水平下显著，而在货币政策宽松时，其回归系数减小为 0.188，且显著性水平下降为 10%。由（3）列和（4）列可知，在货币政策紧缩时，财务弹性 *FFI* 和并购频次的回归系数为0.255，在1%的水平下显著，而在货币政策宽松，其回归系数减小为0.132，显著性水平下降为5%。以上结果说明，当宏观货币政策趋紧时，企业储备的财务弹性对并购投资的正向作用更为显著。

表 6-9　不同货币政策下财务弹性对企业并购决策的影响

变量	MA_ dec		MA_ sum	
	(1) 货币紧缩	(2) 货币宽松	(3) 货币紧缩	(4) 货币宽松
FFI	0.197*** (2.62)	0.188* (1.77)	0.255*** (2.78)	0.132** (2.40)
SIZE	-0.003 (-0.10)	-0.046 (-1.16)	0.060* (1.96)	0.043* (1.86)
TQ	0.133*** (6.42)	0.170*** (6.80)	0.095*** (5.71)	0.064*** (4.98)
CFO	-0.844** (-2.39)	-0.844** (-2.04)	-0.280 (-0.87)	-0.537** (-2.35)
GROWTH	0.166*** (3.47)	0.134** (2.30)	0.112*** (2.79)	0.072** (2.38)
ROA	0.450* (1.74)	0.594** (2.02)	0.460** (2.51)	0.420** (2.52)
FIRST	-0.025 (-0.14)	-0.002 (-0.01)	-0.074 (-0.39)	-0.176 (-1.48)
FH	-0.019 (-0.13)	0.210 (1.25)	0.155 (1.27)	-0.095 (-0.92)
LOSS	-0.212* (-1.93)	-0.324** (-2.48)	-0.013 (-0.17)	-0.002 (-0.02)
RISK	-0.004 (-0.45)	0.005 (0.46)	-0.001 (-0.21)	-0.007 (-1.16)
STATE	0.300*** (5.17)	0.151** (2.24)	0.063 (1.27)	0.196*** (5.02)
Industry	*control*	*control*	*control*	*control*
year	*control*	*control*	*control*	*control*
Constant	-3.235*** (-5.73)	-2.603*** (-3.91)	-2.171*** (-3.81)	-1.577*** (-3.69)
Observations	7024	5231	7024	5231

续表

变量	MA_ dec		MA_ sum	
	(1) 货币紧缩	(2) 货币宽松	(3) 货币紧缩	(4) 货币宽松
Waldchi2	204.75	155.90	203.72	211.40
Pseudo R^2	0.024	0.026	0.030	0.045

（4）稳健性检验

第一，财务弹性中位数度量法。借鉴陈红兵、连玉君（2013）用行业中位数和年度中位数法，界定财务弹性为虚拟变量，对设定模型进行回归检验，结果见表 6-10。其中（1）列和（2）列是财务弹性虚拟变量和并购动机的实证结果，可以看出，无论采用行业中位数还是年度中位数，企业的并购动机与财务弹性均在 1%的水平下显著为正。（3）列和（4）列是财务弹性虚拟变量和并购频次的实证结果，无论是采用行业中位数还是年度中位数，企业的并购频次与财务弹性也显著正相关，上述结果说明财务弹性水平越高的企业，其实施并购的动机越大，并购频次也更高，与前文的研究结论相一致。

表 6-10　财务弹性中位数度量法

变量	MA_ dec		MA_ sum	
	(1) 行业中位数	(2) 年度中位数	(3) 行业中位数	(4) 年度中位数
FFI	0.133*** (3.06)	0.132*** (2.94)	0.153*** (3.72)	0.111*** (2.59)
SIZE	0.001 (0.04)	-0.001 (-0.02)	0.085*** (3.46)	0.077*** (3.15)
TQ	0.145*** (9.06)	0.144*** (9.05)	0.106*** (6.90)	0.107*** (6.98)
CFO	-1.031*** (-3.90)	-1.034*** (-3.91)	-0.761*** (-3.05)	-0.758*** (-3.03)
GROWTH	0.162*** (4.49)	0.161*** (4.46)	0.083*** (3.13)	0.081*** (3.08)

续表

变量	MA_ dec		MA_ sum	
	(1) 行业中位数	(2) 年度中位数	(3) 行业中位数	(4) 年度中位数
ROA	0.531*** (2.91)	0.531*** (2.90)	0.671*** (3.36)	0.670*** (3.39)
FIRST	−0.043 (−0.30)	−0.037 (−0.26)	−0.161 (−1.17)	−0.138 (−0.99)
FH	0.027 (0.23)	0.029 (0.25)	0.082 (0.75)	0.100 (0.91)
RISK	−0.000 (−0.01)	−0.000 (−0.01)	−0.006 (−0.86)	−0.006 (−0.83)
LOSS	−0.289*** (−3.48)	−0.292*** (−3.51)	−0.094 (−1.07)	−0.105 (−1.19)
STATE	0.266*** (6.00)	0.265*** (5.98)	0.229*** (5.23)	0.233*** (5.33)
Industry	*control*	*control*	*control*	*control*
year	*control*	*control*	*control*	*control*
Constant	−2.996*** (−6.90)	−2.970*** (−6.85)	−3.934*** (−9.14)	−3.798*** (−8.84)
Observations	12528	12528	12528	12528
Waldchi2	438.76	438.06	448.46	445.37
Pseudo R^2	0.026	0.026	0.038	0.038

第二，银企关系重新度量。首先，我们以上市企业的银行债务比例作为银企关系的替代变量，对设定模型进行重新回归检验。将样本企业按照银企关系 *BC2* 的中位数进行分组，如果银企关系数值高于其中位数，则认为企业与银行之间的关联程度较高（或存在关联关系）；而如果银企关系值低于其中位数，则认为企业与银行之间的关联程度较低（或无关联关系），并分别对设定模型进行回归检验，检验结果见表 6−11。由（1）列和（2）列可知，当企业与银行之间关联程度较低时，财务弹性与并购动机的回归系数为 0.269，显著性水平为 1%，而当企业与银行之间关联程度

较高时，财务弹性与并购动机的回归系数为 0.142，显著性水平降为 10%；由（3）列和（4）列可知，当企业与银行之间关联程度较低时，财务弹性与并购频次的回归系数为 0.245，显著性水平为 1%，而当企业与银行之间关联程度较高时，财务弹性与并购频次的回归系数为 0.128，且不再显著，这验证了假设 H2。

表 6-11 银企关系（*BC2*）稳健性检验

变量	*MA_ dec*		*MA_ sum*	
	(1) 银企关联低	(2) 银企关联高	(3) 银企关联低	(4) 银企关联高
FFI	0.269*** (2.63)	0.142* (1.73)	0.245*** (2.80)	0.128 (1.56)
SIZE	0.052 (1.41)	−0.056 (−1.53)	0.110*** (3.19)	0.033 (0.96)
TQ	0.115*** (4.90)	0.172*** (7.65)	0.087*** (4.05)	0.128*** (5.85)
CFO	−0.847** (−2.17)	−0.899** (−2.29)	−0.773** (−2.32)	−0.439 (−1.12)
GROWTH	0.121** (2.18)	0.179*** (3.52)	0.084** (2.33)	0.055 (1.49)
ROA	0.614** (2.14)	0.514* (1.96)	0.574** (2.25)	0.837*** (2.64)
FIRST	−0.054 (−0.27)	0.050 (0.24)	−0.003 (−0.02)	−0.209 (−0.93)
FH	−0.032 (−0.19)	0.115 (0.66)	0.023 (0.16)	0.247 (1.48)
RISK	0.003 (0.32)	−0.001 (−0.07)	−0.000 (−0.05)	−0.013 (−0.99)
LOSS	−0.246** (−2.24)	−0.404*** (−2.90)	−0.169 (−1.59)	−0.052 (−0.32)
STATE	0.252*** (4.03)	0.305*** (4.68)	0.251*** (4.31)	0.202*** (2.99)
Industry	*control*	*control*	*control*	*control*
Year	*control*	*control*	*control*	*control*

续表

变量	MA_ dec		MA_ sum	
	(1) 银企关联低	(2) 银企关联高	(3) 银企关联低	(4) 银企关联高
Constant	-3.518*** (-5.64)	-2.341*** (-3.58)	-4.304*** (-7.70)	-2.929*** (-4.28)
Observations	6127	6127	6127	6127
Wald chi2	216.59	207.60	238.75	246.54
Pseudo R^2	0.029	0.029	0.040	0.041

其次，对于高管的银行背景，我们重新限定高管的范围，如果董事、监事、总裁、总经理及财务负责人曾经或现在在银行机构任职，则认为高管具有银行从业背景，即企业与银行之间存在关联关系，*BC*1 取值为 1，否则认为不存在关联关系，*BC*1 为 0，就财务弹性与并购动机及并购频次的关系进行重新检验，实证结果见表 6-12。

其中，(1) 列和 (2) 列报告了不同银企关系下财务弹性和并购动机的回归结果。结果显示，当企业与银行之间无关联关系时，财务弹性与并购动机的回归系数为 0.183，显著性水平为 5%，而当企业与银行之间存在关联关系时，财务弹性与并购动机的回归系数为 0.142，不再显著。

(3) 列和 (4) 列报告了不同银企关系下财务弹性和并购频次的回归结果。结果显示，当企业与银行之间无关联关系时，财务弹性与并购频次的回归系数为 0.158，显著性水平为 5%，而当企业与银行之间存在关联关系时，财务弹性与并购频次的回归系数为 0.165，不再显著，上述结果再次验证了假设 H2。

表 6-12　银企关系（*BC*1）重新度量检验

变量	MA_ dec		MA_ sum	
	(1) 有关联	(2) 无关联	(3) 有关联	(4) 无关联
FFI	0.142 (1.16)	0.183** (2.54)	0.165 (1.62)	0.158** (2.29)

续表

变量	MA_ dec		MA_ sum	
	(1) 有关联	(2) 无关联	(3) 有关联	(4) 无关联
SIZE	0.019 (0.39)	-0.010 (-0.35)	0.100** (2.10)	0.064** (2.25)
TQ	0.108*** (3.57)	0.159*** (8.37)	0.061** (2.18)	0.125*** (6.90)
CFO	-1.247** (-2.49)	-0.894*** (-2.82)	-0.338 (-0.71)	-0.856*** (-2.87)
GROWTH	0.118* (1.77)	0.172*** (4.03)	0.010 (0.21)	0.103*** (3.40)
ROA	0.283 (0.83)	0.571*** (2.61)	0.439 (1.06)	0.786*** (3.40)
FIRST	0.181 (0.65)	-0.108 (-0.65)	0.248 (0.88)	-0.258 (-1.62)
FH	0.136 (0.57)	-0.002 (-0.01)	0.347* (1.67)	0.055 (0.42)
RISK	-0.010 (-0.61)	0.004 (0.49)	0.073 (0.77)	0.002 (0.03)
LOSS	-0.507*** (-2.97)	-0.231** (-2.37)	0.007 (0.50)	-0.010 (-1.20)
STATE	0.196** (2.19)	0.307*** (5.84)	-0.153 (-0.76)	-0.087 (-0.87)
Industry	control	control	control	control
year	control	control	control	control
Constant	-2.539*** (-3.01)	-3.081*** (-5.98)	-3.531*** (-3.98)	-3.834*** (-7.68)
Observations	3025	9230	3025	9230
Waldchi2	119.63	325.42	127.18	375.77
Pseudo R^2	0.029	0.027	0.039	0.040

第三，面板效应模型的重新检验。以面板数据为对象进行研究时，某些个体效应和时间效应因素往往不能进入模型中，从而会产生遗漏变量问题。因此，我们对并购决策和并购频次分别进行固定效应和随机效

应模型检验，实证结果见表6-13。由检验结果可知，无论在固定效应还是随机效应模型下，财务弹性与并购动机及并购频次均呈显著的正相关关系，*Hauseman* 检验在1%的显著性水平下拒绝原假设，故应选用固定效应模型。

表6-13 不同面板模型的内生性检验

变量	*MA_ dec*		*MA_ sum*	
	(1) 固定效应	(2) 随机效应	(3) 固定效应	(4) 随机效应
FFI	0.241*** (2.75)	0.266*** (4.05)	0.183*** (4.24)	0.188*** (4.86)
SIZE	-0.034 (-0.50)	0.017 (0.63)	0.021 (0.60)	0.022 (1.04)
TQ	0.176*** (6.88)	0.116*** (6.95)	0.096*** (6.71)	0.108*** (9.06)
CFO	-0.079 (-0.22)	-1.034*** (-3.50)	0.073 (0.38)	-0.189 (-1.08)
GROWTH	0.090** (2.17)	0.165*** (4.28)	0.022 (1.00)	0.038* (1.91)
ROA	0.413* (1.80)	0.616*** (3.05)	0.652*** (5.01)	0.640*** (5.23)
FIRST	-1.151** (-2.57)	-0.131 (-0.74)	-1.244*** (-5.38)	-0.487*** (-3.70)
FH	-0.295* (-1.70)	0.115 (0.84)	-0.227** (-2.52)	-0.033 (-0.41)
RISK	-0.002 (-0.23)	0.002 (0.19)	-0.008 (-1.56)	-0.006 (-1.19)
LOSS	-0.183* (-1.84)	-0.295*** (-3.23)	-0.009 (-0.16)	-0.038 (-0.69)
Industry	*control*	*control*	*control*	*control*
year	*control*	*control*	*control*	*control*
Constant		-2.758*** (-5.73)		-2.302*** (-5.82)
Observations	10174	12255	10590	12255

续表

变量	MA_ dec		MA_ sum	
	(1) 固定效应	(2) 随机效应	(3) 固定效应	(4) 随机效应
Number of groups	1793	2286	1909	2286
LR chi2/Wald chi2	158.84	228.71	305.55	455.91

6.1.4　小结

并购活动作为企业的外部成长方式，是企业实现战略扩张、资源优化配置的重要手段，并购交易的成功依赖于企业筹集所需资金的能力。本节以 2007—2015 年我国沪深上市公司为研究对象，实证检验了财务弹性对企业并购投资决策的影响效应，同时，从社会资本角度，基于我国上市公司的银企关联视角进行了深入的分析。结果发现，财务弹性水平越高的企业，其发动并购的动机越大，并购的频次也更高。当企业与银行之间存在关联关系时，财务弹性对企业并购投资的正向作用减弱。研究结果说明，财务弹性储备水平会直接影响企业的并购投资活动，较高的财务弹性水平有利于缓减并购融资约束。同时，银企关联可以降低并购投资对财务弹性的依赖程度，企业在进行并购资金重构时，银企关联和财务弹性储备水平之间存在一种替代作用，当企业与银行之间存在关联关系时，企业更多地借助银行资源来筹集所需资金；而当企业与银行之间无关联关系时，企业则主要通过储备较高的财务弹性水平来获得资金重构，该发现为理解银企关联和财务弹性对并购投资决策的作用机理提供了新的经验证据。

同时，结合我国特殊的产权制度背景，区分不同产权性质进一步检验财务弹性对并购决策的影响效应，结果发现，相对于国有企业而言，非国有企业的财务弹性对并购投资决策的正向作用更显著。考虑外部环境变化的影响，我们区分环境不确定性和不同货币政策对财务弹性和并购决策的关系进行了分组实证检验，研究发现当环境不确定性越大或宏观货币政策紧缩时，储备财务弹性的企业，实施并购的动机越强烈，并购的频次也更高。这也体现了财务弹性对并购投资发挥经济效应的产权特性和外部经济环境特性。

并购是企业的一种大额投资行为，需要大量的资金储备才能得以实现。企业在进行并购投资决策时，要综合考虑储备的资金状况，企业与银行之间的关系、产权制度背景及外部环境等因素的影响。我国上市企业要积极推进并购交易活动，以实现战略扩张和资源的优化配置，从而使企业步入快速成长的外延式发展道路。

6.2 银企关联和财务弹性对并购支付方式的影响

6.2.1 理论分析与研究假设

企业要顺利完成并购交易活动，需要选择合理的支付方式。国际上通用的支付方式是现金支付、股票支付和混合支付，在我国由于企业并购市场化程度低，很多并购交易都是政府主导，所以存在一些具有我国特色的特殊并购支付方式，如资产支付、承债支付等，但仍以现金支付为主要的并购对价方式。支付方式作为并购交易的重要环节，直接关系着并购成本的高低和交易成败，是影响并购市场规模的重要因素。

并购支付方式的影响因素受到国内外学者们的广泛关注（Faccio 和 Masulis，2005）。大量文献从融资来源渠道探讨了并购支付问题。一些学者认为，企业的现金持有量会影响并购支付方式的选择。Jensen（1986）认为，收购方实施并购交易时，其拥有的自有现金越充足，选择股票支付方式的可能性就越小。Mayer 和 Walker（1996）及 Martin（1996）均发现，并购前一年的现金流越充裕，收购方越倾向使用现金支付，但支付方式的选择与目标方的财务状况无关。Zhang（2001）以伦敦股票交易所发生的 103 起并购事件为对象，研究发现收购方的支付方式与股利支付水平相关。股利支付水平越高，选择现金支付方式的可能性越大，而股利支付率作为公司自由现金流的代理变量，这一结果也表明公司自由现金流水平越高，并购中越有可能采用现金对价方式。我国学者苏文兵（2009）通过研究也发现，当主并方在并购前持有大量现金时，在并购时更倾向于选择现金支付方式。

还有的学者认为，企业的举债能力也会影响并购支付方式的选择。Hansen（1987）研究指出，收购方的并购对价方式与负债比率相关，股票支付的可能性与负债水平成正比。Faccio 和 Masulis（2005）以欧洲 1997—2000 年发生的并购事件为研究样本，考察了公司控制权和债务融资约束对收购方支付方式选择的影响，研究发现基于维持控制权动机，公司在并购中偏好选择现金支付方式，而当债务融资受到约束时，往往被迫转让部分控制权来实现对目标公司的并购，即采用股票对价方式。李善民（2009）通过考察财务杠杆和并购对价方式之间的关系，发现财务杠杆越高的企业，实施并购时选择股票支付方式的概率越大。孙世攀等（2013）的研究也发现债务容量越大的企业，由于举债能力增强，并购时采用现金支付的可能性更大。

但鲜有文献从战略角度，融合现金决策和资本结构决策，从企业整体财务弹性视角研究其对企业并购支付方式的影响，这也为本书的研究提供了契机。高现金持有与低财务杠杆的结合可以增强企业的筹资能力，降低企业陷入财务困境的可能（Bates 等，2009），也更具有抵御不利冲击和利用新的投资机会的能力（曾爱民，2013）。因此，事先储备合理的财务弹性，可以使企业具备更强的资金重构能力，从而为并购活动提供较充足的现金流。因此，我们认为，财务弹性水平越高的企业，并购时越有可能选择现金支付方式，而财务弹性水平越低的企业，并购时则越倾向于选择股票支付方式。

基于上述分析，我们提出第一个假设：

H1：企业储备的财务弹性水平越高，并购时越倾向于采用现金支付方式。

当前我国金融体系发展不够健全，融资工具匮乏，上市公司普遍存在融资约束问题。企业在实施并购交易时，其支付方式的选择也不可避免地受到融资能力的影响（Faccio 和 Masulis，2005；Alshwer 和 Sibilkov，2010）。事先储备合理的财务弹性水平可以增强企业未来的资金筹集能力，缓减融资约束，进而影响企业的并购支付方式。

银行关联作为企业的一种重要社会资本，可以加深银行对企业的了解，降低企业与银行之间的信息不对称（Diamond，1984；Berlin 和 Loeys，1988）。良好的银企关系有助于企业获得银行贷款等外源资金，从而缓减企业的融资约束（Booth 和 Deli，1999；邓建平和曾勇，2011；程小可等，2013）。即企业与银行之间建立的关联关系能够增强企业的融资能力，改善企业的外部融资环境。

因此，我们认为，在不同的银企关系下，企业的融资能力不同，财务弹性对企业并购支付方式的选择会发挥不同的影响效应。当企业与银行之间存在关联关系时，良好的银企关系有助于增强企业的融资能力，从而降低现金对价方式对财务弹性的依赖程度，即财务弹性对现金支付方式的正向作用减弱；而当企业与银行之间无关联关系时，现金对价方式的实现则更多地依赖于预先储备的财务弹性，即财务弹性对现金支付方式的正向作用增强。

基于以上分析，我们提出第二个假设：

H2：当企业与银行之间存在关联关系时，财务弹性对现金支付方式的正向作用减弱。

6.2.2 研究设计

6.2.2.1 样本选择和数据来源

我们以 2007—2015 年我国沪深上市公司发生的并购事件为初始样本，剔除金融、保险行业上市公司和财务指标存在缺失值或异常值的上市公司；剔除 ST、PT 公司。同时，对并购事件进行了筛选①，最终得到 3870

① 将并购限定为上市公司资产收购、股权转让和吸收合并的行为，不包括资产剥离、资产置换和债务重组、股份回购等广义形式的并购事件；对于同一主并公司在一年内宣告两笔或两笔以上的并购交易，仅保留该上市公司在该年内宣告交易总价最大的并购交易；仅保留完全以现金或以股票作为并购对价方式的样本。

个观测值，构成了样本研究数据。为了克服财务指标离群值的影响，我们在 1%水平下对相关数据进行缩尾（Winsorize）处理，运用 STATA12.0 软件进行数据处理和分析。

6.2.2.2　模型构建与变量定义

为了检验研究假设，参考已有学者的研究，构建如下模型：

$$Payment_{it}=a_0+b_1FFI_{it-1}+b_2SIZE_{it}+b_3LOSS_{it}+b_4CFO_{it}+b_5ROA_{it}+b_6TQ_{it+1}+b_7REP_{it}+b_8GL_{it}+b_9GROWTH_{it}+b_{10}STATE_{it}+b_{11}FIRST_{it}+b_{12}TYPE_{it}+b_{13}Year_{it}+b_{14}Industry_{it}+\varepsilon_{it} \quad (6\text{-}2)$$

（1）被解释变量

Payment 代表并购支付方式，通用的支付方式是现金支付、股票支付和混合支付，本书研究中仅限于现金支付方式和股票支付方式。在并购交易中，上市企业选用现金方式支付取值为 1，选用股票方式支付则取值为 0。

（2）主要解释变量

FFI 为主要解释变量，反映企业的财务弹性（度量方法同第 4 章），同时考虑财务弹性对并购支付方式的滞后作用，模型中的 *FFI* 用滞后一期表示，并以行业中位数、年度中位数法度量的财务弹性虚拟变量进行稳健性检验。*BC*1 代表银企关系，反映企业与银行之间的关联关系，以上市企业高管是否具有银行从业背景来衡量。

6.2.2.3　控制变量

借鉴以往文献，设定模型中控制了一系列影响并购支付方式的因素：

（1）企业规模

并购支付方式会受到融资能力的影响（Faccio 和 Masulis，2005）。当前我国经济转轨时期，企业并购融资能力普遍较弱，规模较大的企业，往往拥有更多的抵押资产，融资能力相对较强，因此，在并购时较多采用现金支付方式；而规模较小的企业，由于其融资能力较弱，则更偏好于股票支付方式。

（2）成长性和企业业绩

实施重大并购的样本公司往往具有较好的财务绩效和成长性。一般来说，成长性高、企业业绩（ROA）好的企业能够获得更多的财富和资源积累，融资能力得以增强，因此，在并购时较多采用现金支付方式。

（3）自由现金流

上市企业的现金流量会直接影响并购企业对价方式的选择。Mayer 和 Walker（1996）研究发现，当主并方的现金流储备较多时，实施并购时更不可能选择股票对价方式。李善民和陈涛（2009）验证了现金持有量与支付方式的选择存在显著相关性。苏文兵等（2009）也发现，当主并方的自由现金流相对较大时，并购时更可能选择现金对价方式。我们以现金流量表中的年度经营活动现金净流量与期末总资产的比值来衡量并购企业现金流的大小。

（4）投资机会

关于未来投资机会对支付方式的影响，学者们有不同的观点。Fishman（1989）和 Martin（1996）认为，主并企业的投资机会越大，并购时采用股票支付的概率越大；而 Mayer 和 Walker（1996）却得出了不同的结论：投资机会越多，主并方采用现金支付方式的可能性越大。在本书的研究中，我们借鉴刘淑莲等（2012）的研究，用并购下一年投资支出的自然对数来衡量并购企业的投资机会，其中投资支出为主并企业现金流量表中“购买固定资产、无形资产和其他长期资产支付的现金”项目的数据。

（5）并购交易规模

并购交易规模是支付方式的重要影响因素。Hansen（1987）研究认为，标的公司相对于主并公司的规模越小，主并方越倾向于选择现金支付方式。苏文兵等（2009）以我国上市企业的并购事件为样本，对并购双方交易规模和支付方式的关系进行了研究，也得出和 Hansen（1987）相一致的结论。本研究中我们用并购交易金额的自然对数来衡量交易规模的大小。

（6）管理层持股比例

基于委托代理理论，管理层持股比例会影响并购企业的对价方式的选择。并购企业的管理层持股比例越高，在并购交易中发出现金要约的概率越大（Amihud 等，1990；Ghosh 和 Ruland，1998）。Martin（1996）则发现，管理层持股水平与主并方的股票支付方式存在区间效应，当管理层持股比例为 5%~25%时，使用股票支付的概率较小，而过高或过低时，使用股票支付的概率较大。我国学者李善民（2009）认为，发动并购的上市公司的管理层持有一定股份，是为了获取超出个人私有收益外的其他目的。

（7）并购标的物类型

并购标的物的种类也是并购对价方式选择的一个影响因素。如果并购交易标的物是股权，交易金额一般较大，那么上市企业在选择对价方式时更倾向于股票方式。

此外，我们用股权集中度变量控制上市企业的治理水平对支付方式的影响，同时考虑我国特殊的产权制度背景，我们还控制了上市企业的产权性质（*State*），并设置了行业（*Industry*）和年度（*Year*）虚拟变量，以控制行业和年度对研究结果的影响。各变量的名称、符号和具体定义见表 6-14。

为了检验假设 H1，我们对设定模型进行 Logit 回归分析，预期系数 $b1$ 为正。为检验假设 H2，将总样本按照银企关系 *BC*1 进行分组，然后对模型分别进行 Logit 回归。

表 6-14　变量定义

	变量名称	符　号	定　义
被解释变量	并购支付方式	*Payment*	上市公司实施并购时，如果采用现金方式支付，取值为 1，如果采用股票方式支付，则取值为 0
解释变量	财务弹性	*FFI*	度量方法同第 4 章
	银企关系	*BC*1	高管银行背景（度量方法同第 4 章）
控制变量	企业规模	*SIZE*	期末总资产的自然对数
	自由现金流	*CFO*	年度经营活动现金净流量/年末总资产
	是否亏损	*LOSS*	上年度发生亏损取值为 1，否则取值为 0
	产权性质	*STATE*	虚拟变量，国企为 0，否则为 1
	企业成长性	*GROWTH*	（本期营业收入-上期营业收入）÷上期营业收入
	企业业绩	*ROA*	净利润/平均资产

续表

	变量名称	符 号	定 义
控制变量	投资机会	*TQ*	并购下一年投资支出的自然对数，其中投资支出为现金流量表中“购买固定资产、无形资产和其他长期资产支付的现金”数值
	股权集中度	*FIRST*	第一大股东所持股份的比例
	管理层持股比例	*GL*	公司管理层所持股份的比例之和
	并购交易规模	*REP*	并购交易金额的自然对数
	并购标的物类型	*TYPE*	虚拟变量，如果并购标的物为资产标的取值为 1，并购标的物为股权标的取值为 0
	年度效应	*Year*	选取 2007—2015 年，因设定模型中有提前一期和滞后一期变量，故共设置 6 个年度虚拟变量
	行业效应	*Industry*	按照中国证监会行业分类，剔除金融保险行业，共设置 20 个行业虚拟变量

6.2.3 实证分析

6.2.3.1 描述性统计

本节对企业并购支付方式的总体样本进行描述性统计，统计量包括平均值、标准差、中位数、最大值和最小值。表 6-15 报告了主要变量的描述性统计结果，可以看出，2008—2014 年，我国沪深上市企业实施并购时，其主要的对价方式是现金方式，只有少数公司采用股权支付方式。从我国并购市场的历史来看，股权分置改革前，现金及资产是主要的支付方式，上市公司并购交易大多需要通过支付现金或资产来完成。股权分置改革后，股票支付虽逐渐增多，但所占的比例仍然较小。究其背后原因，现实中目标公司被出售的原因大多是目标公司资金紧张，或已陷入财务困境，主要通过将子公司股权转让给母公司带来直接的现金收入，以弥补亏损或脱离财务困境。因此，现金支付仍是我国企业主要的并购支付方式。控制变量方面，未来投资机会 *TQ* 的均值和中位数分别为 18.618 和 18.683，总体上看，实施并购的企业拥有较好的投资机会。企业业绩 *ROA* 和 *LOSS* 的均值分别为 0.091 和 0.060，说明并购企业在样本期间内的经营业绩总体较好，其中，90%以上的企业可以获取利润，并且有超过 50%的企业的盈利能力达到 9%。并购标的

类型 *TYPE* 的均值为 0.301，说明近 1/3 的并购交易是以资产为标的；并购规模 *REP* 的均值为 18.093，总体上看，我国上市企业的并购交易规模较大，接近于主并企业的资产规模。管理层持股比例 *GL* 的均值和中位数分别为 0.080 和 0，说明上市企业的管理层持股比例相对较低。

表 6-15　主要变量的描述性统计

变量	N	mean	sd	median	min	max
Payment	3870	0.905	0.293	1	0	1
FFI	3870	0.179	0.384	0.055	-0.237	2.088
SIZE	3870	21.924	1.176	21.790	19.436	25.264
LOSS	3870	0.060	0.237	0	0	1
TQ	3870	18.618	1.712	18.683	13.196	22.688
REP	3870	18.093	1.892	18.011	13.122	22.472
CFO	3870	0.041	0.080	0.043	-0.210	0.246
GROWTH	3870	0.242	0.493	0.158	-0.573	3.348
ROA	3870	0.091	0.109	0.086	-0.467	0.420
TYPE	3870	0.301	0.459	0	0	1
GL	3870	0.080	0.165	0	0	0.657
FIRST	3870	0.359	0.150	0.349	0.084	0.732
STATE	3870	0.590	0.492	1	0	1

6.2.3.2　主要变量的相关性分析

对模型回归检验之前，本节对主要变量之间的相关性进行 Pearson 检验，结果见表 6-16。可以看出，财务弹性 *FFI* 与并购支付方式呈正相关关系，与预期一致，财务弹性越高的企业，并购时更倾向于使用现金支付方式。控制变量中，公司规模、未来投资机会、企业业绩、并购标的类型、管理层持股以及产权性质与并购支付方式显著正相关，而并购规模和成长性与并购支付方式显著负相关，说明选取的主要变量能够影响并购支付方式，具有一定的合理性。同时，各主要变量之间的相关系数都不超过 0.5，表明变量间基本不存在多重共线性问题。但相关系数只是对变量之间的关联关系的初步反应，要验证变量间的真实关系，需要通过后续的回归分析提供更为可靠的证据。

表 6-16　主要变量的相关系数

	Payment	*FFI*	*SIZE*	*LOSS*	*TQ*	*REP*	*CFO*	*GROWTH*	*ROA*	*TYPE*	*GL*	*FIRST*	*STATE*
Payment	1.000												
FFI	0.058***	1.000											
SIZE	0.094***	-0.279***	1.000										
LOSS	-0.141***	-0.086***	-0.085***	1.000									
TQ	0.071***	-0.184***	0.455***	-0.114***	1.000								
REP	-0.426***	-0.107***	0.365***	0.020	0.137***	1.000							
CFO	-0.004	-0.016	-0.034**	-0.015	0.217***	-0.030*	1.000						
GROWTH	-0.071***	0.060***	0.043***	0.061***	0.013	0.082***	-0.008	1.000					
ROA	0.072***	0.052***	0.174***	-0.182***	0.161***	0.065***	0.195***	0.252***	1.000				
TYPE	0.128***	0.027*	0.032**	-0.054***	0.005	0.089***	-0.019	0.001	0.040**	1.000			
GL	0.054***	0.243***	-0.276***	-0.081***	-0.084***	-0.155***	-0.037**	0.024	-0.003	-0.016	1.000		
FIRST	0.025	-0.022	0.234***	-0.054***	0.122***	0.113***	0.036**	0.061***	0.120***	0.061***	-0.079***	1.000	
STATE	0.038**	0.173***	-0.341***	-0.042***	-0.202***	-0.135***	-0.052***	0.002	0.005	-0.087***	0.382***	-0.194***	1.000

注：*、**和***表示 Pearson 相关系数在 10%、5%和 1%的水平上显著。

6.2.3.3　回归结果

（1）财务弹性与并购支付方式的实证结果

表 6-17 报告了财务弹性和并购支付方式的回归结果。基于因变量并购支付方式是 0~1 虚拟变量，故对设定模型进行 Logit 回归检验，实证结果见表 6-17。

表 6-17 的（1）列是财务弹性与并购支付方式直接回归的结果，可以看出财务弹性与并购支付方式在 1%的水平下显著正相关。（2）列是在（1）列的基础上加入企业特征、公司治理以及并购交易特征变量进行回归检验的结果。结果显示，财务弹性与并购支付方式的回归系数是 0.831，在 5%的水平下显著，这验证了假设 H1，财务弹性水平越高的企业，并购时越倾向于采用现金支付方式。

控制变量中，企业规模 *SIZE* 与并购支付方式在 1%的水平下显著正相关，企业规模越大，内部现金流较多，并购时越倾向于采用现金支付方式。并购支付方式与企业业绩正相关，与是否亏损负相关，这说明业绩好的企业更倾向采用现金支付方式。并购规模与支付方式在 1%的水平下显著负相关，目标公司规模越大，交易双方信息不对称程度越高，主并公司为了让目标公司分担风险而更可能选择股票支付方式；并购标的类型与支付方式在 1%的水平下显著正相关，当并购标的为资产时，并购时更倾向于使用现金支付。管理层持股比例与支付方式负相关，50%以上的样本企业中，管理层持股比例不足 8%，相对较低，因此，主并方倾向于选择股票支付方式。产权性质 *STATE* 与并购支付方式在 1%的水平下显著正相关，主并方为非国有企业时，并购时更倾向于使用现金支付，而国有企业的天然特殊性，筹资渠道较多，使用现金支付的概率较低。

表 6-17 的（3）列是在（2）列的基础上考虑了年度和行业的影响，可以看出财务弹性、公司规模、企业业绩、并购规模和管理层持股等主要变量的显著性水平和符号均没有发生显著的变化，而模型的 R^2 从 0.539 提高到了 0.558，说明在考虑了年度和行业的影响之后模型的拟合优度得到

了提高。（3）列中财务弹性与并购支付方式在1%的水平上显著正相关，再一次验证了假设H1，财务弹性水平越高的企业，并购时越倾向于采用现金支付方式。

表6-17　财务弹性对企业并购支付方式的影响

变量	(1)	(2)	(3)
FFI	0.656*** (3.23)	0.831** (2.33)	1.063*** (2.90)
SIZE		1.220*** (11.35)	1.164*** (9.75)
LOSS		-0.667** (-2.57)	-0.508* (-1.90)
TQ		-0.018 (-0.34)	0.028 (0.43)
REP		-1.691*** (-17.81)	-1.728*** (-17.78)
CFO		0.130 (0.14)	0.772 (0.74)
GROWTH		-0.326** (-2.38)	-0.430*** (-2.97)
ROA		1.295* (1.86)	1.541** (2.08)
TYPE		1.875*** (9.11)	1.803*** (8.07)
GL		-1.217** (-2.07)	-1.264** (-1.98)
FIRST		0.550 (1.01)	0.314 (0.54)
STATE		0.658*** (3.77)	0.643*** (3.35)
Industry	*no*	*no*	*control*
Year	*no*	*no*	*control*
Constant	2.161*** (36.27)	7.569*** (4.21)	7.983*** (3.98)
Observations	3870	3870	3870

续表

变量	(1)	(2)	(3)
Wald chi2	10.44	376.61	432.35
Pseudo R^2	0.006	0.539	0.558

注：括号内为对应的 z 值；*、** 和 *** 分别代表 0.1、0.05 和 0.01 的显著性水平（下同）。

在我国，产权性质不同的企业，其融资能力差异较大，国有企业可以通过银行贷款、政府补贴和股市优惠政策等渠道获得更多的外源资金，具备较强的融资能力，而非国有企业融资渠道有限，其外部融资能力相对较弱。预先储备财务弹性，可以增强企业的资金筹集能力，使企业更倾向于采用现金支付方式，在不同的产权背景下，财务弹性对并购对价方式的影响会有所差异。基于此，我们对财务弹性与并购支付方式的关系，进行不同产权性质下的分组回归检验，其结果见表 6-18。根据检验结果可知，产权性质不同的企业，其财务弹性对并购支付方式的影响差异显著。具体而言，非国有企业的财务弹性与并购支付方式的回归系数为 1.383，在 1%的水平下显著；而国有企业的财务弹性与并购支付方式的回归系数减小为 0.608，且不再显著。

以上实证结果说明，相对于国有企业而言，非国有企业的财务弹性对现金支付方式的正向作用更显著。

表 6-18　不同产权下财务弹性对企业并购支付方式的影响

变量	(1) 非国有企业	(2) 国有企业
FFI	1.383*** (2.68)	0.608 (1.19)
SIZE	1.150*** (6.49)	1.327*** (7.54)
LOSS	-0.186 (-0.42)	-0.908** (-2.57)
TQ	0.066 (0.75)	-0.046 (-0.45)

续表

变量	(1) 非国有企业	(2) 国有企业
REP	-1.763*** (-13.41)	-1.811*** (-11.34)
CFO	1.990 (1.35)	-0.359 (-0.23)
GROWTH	-0.349** (-2.08)	-0.591** (-2.54)
ROA	0.177 (0.18)	2.157** (2.16)
TYPE	1.921*** (5.67)	1.738*** (5.92)
GL	-1.851** (-2.49)	-0.017 (-0.01)
FIRST	0.419 (0.49)	0.072 (0.08)
Industry	*control*	*control*
Year	*control*	*control*
Constant	7.664** (2.46)	9.328*** (3.09)
Observations	2261	1588
Wald chi2	255.91	212.15
Pseudo R^2	0.578	0.567

（2）银企关联、财务弹性与并购支付方式的实证结果

表6-19描述了不同银企关系下财务弹性和并购支付方式的回归结果。将样本企业按照银企关系 *BC*1 分为有银企关联组和无银企关联组，并分别进行回归检验。其中，（1）列是设定模型在无银企关联组的回归检验，（2）列是有银企关联组的回归检验。结果显示，当企业和银行之间无关联关系时，财务弹性和并购支付方式的回归系数为1.016，在1%的水平下显著，而当企业和银行之间存在关联关系时，财务弹性和并购支付方式的系数为1.383，不再显著，这验证了假设H2。以上实证结果说明，在不同的

银企关系下，财务弹性对并购支付方式的影响显著不同。当企业与银行之间存在关联关系时，财务弹性对现金支付方式的正向作用减弱，银企关联降低了现金支付对财务弹性的依赖程度。银行关联作为企业的一种社会资本，可以弥补市场机制的缺陷和不足，有助于企业获取稀缺的财务资源。企业的财务弹性储备决策会根据银企关联程度进行相机抉择，并最终影响企业的并购支付方式。

表 6-19 银企关系（*BC*1）分组下财务弹性对并购支付方式的影响

变量	(1) 无银企关联	(2) 有银企关联
FFI	1.016*** (2.73)	1.383 (1.30)
SIZE	1.181*** (8.32)	1.339*** (5.43)
LOSS	-0.580* (-1.86)	-0.254 (-0.37)
TQ	0.063 (0.80)	-0.156 (-1.15)
REP	-1.803*** (-15.50)	-1.695*** (-7.93)
CFO	-0.322 (-0.25)	4.219* (1.83)
GROWTH	-0.430*** (-2.59)	-0.499* (-1.70)
ROA	1.703* (1.92)	0.028 (0.02)
TYPE	1.670*** (6.77)	2.749*** (4.00)
GL	-0.959 (-1.28)	-1.813 (-1.21)
FIRST	0.242 (0.35)	1.078 (0.80)
STATE	0.588** (2.53)	1.058** (2.44)
Industry	*control*	*control*

续表

变量	(1) 无银企关联	(2) 有银企关联
Year	*control*	*control*
Constant	8.914*** (4.04)	5.413 (0.95)
Observations	2960	877
Wald chi2	347.96	151.17
Pseudo R^2	0.575	0.571

(3) 稳健性检验

第一，财务弹性中位数度量法。借鉴陈红兵、连玉君（2013）用行业中位数和年度中位数法，界定财务弹性为虚拟变量，对设定模型进行回归检验，结果见表6-20。其中，(1)～(3)列是用行业中位数法度量财务弹性的实证结果，(4)～(6)列是用年度中位数法度量财务弹性的实证结果。可以看出，在全样本下，无论是采用行业中位数还是年度中位数，财务弹性水平与并购支付方式均在1%的水平下显著正相关，即财务弹性水平越高的企业，并购时更倾向于采用现金支付方式；在分样本检验中，非国有企业的财务弹性对现金支付方式的正向作用更显著，均与前文的研究结论相一致。

表6-20 财务弹性中位数度量法

变量	行业中位数			年度中位数		
	(1)	(2)	(3)	(4)	(5)	(6)
	全样本	国有企业	非国有企业	全样本	国有企业	非国有企业
FFI	0.761*** (3.72)	0.537 (1.59)	0.877*** (3.08)	0.931*** (4.33)	0.833** (2.44)	0.982*** (3.33)
SIZE	1.209*** (10.28)	1.386*** (8.15)	1.150*** (6.82)	1.233*** (10.32)	1.416*** (8.48)	1.182*** (6.85)
LOSS	−0.538** (−2.11)	−0.858** (−2.51)	−0.202 (−0.48)	−0.516** (−2.01)	−0.828** (−2.39)	−0.228 (−0.54)

续表

变量	行业中位数			年度中位数		
	(1)	(2)	(3)	(4)	(5)	(6)
	全样本	国有企业	非国有企业	全样本	国有企业	非国有企业
TQ	0.017 (0.26)	-0.061 (-0.60)	0.069 (0.77)	0.010 (0.16)	-0.062 (-0.61)	0.054 (0.61)
REP	-1.726*** (-18.12)	-1.800*** (-11.76)	-1.745*** (-13.62)	-1.740*** (-17.80)	-1.817*** (-11.63)	-1.766*** (-13.40)
CFO	0.893 (0.86)	-0.182 (-0.12)	2.008 (1.34)	0.783 (0.74)	-0.307 (-0.20)	1.936 (1.29)
GROWTH	-0.411*** (-2.90)	-0.558** (-2.46)	-0.336** (-2.08)	-0.437*** (-3.01)	-0.586** (-2.52)	-0.357** (-2.20)
ROA	1.443** (1.97)	1.972** (1.99)	0.354 (0.37)	1.466** (1.96)	1.977** (1.98)	0.294 (0.30)
TYPE	1.826*** (8.44)	1.749*** (6.10)	1.961*** (5.84)	1.850*** (8.32)	1.795*** (6.07)	1.917*** (5.74)
GL	-1.366** (-2.21)	-0.858 (-0.32)	-1.778** (-2.54)	-1.421** (-2.33)	-1.488 (-0.58)	-1.843*** (-2.62)
FIRST	0.392 (0.69)	0.131 (0.15)	0.445 (0.52)	0.470 (0.82)	0.129 (0.15)	0.568 (0.67)
STATE	0.672*** (3.55)			0.673*** (3.52)		
Industry	*control*	*control*	*control*	*control*	*control*	*control*
Year	*control*	*control*	*control*	*control*	*control*	*control*
Constant	7.205*** (3.84)	8.009*** (2.79)	7.313*** (2.60)	6.928*** (3.71)	7.441*** (2.72)	7.223** (2.55)
Observations	4017	1658	2338	4017	1658	2338
Wald chi2	447.63	229.94	267.52	427.72	219.45	259.76
Pseudo R^2	0.559	0.567	0.578	0.562	0.570	0.579

第二，银企关系稳健性检验。首先，我们以上市企业的银行债务比例作为银企关系的替代变量，对设定模型进行重新回归检验。将样本企业按照银企关系 *BC*2 的中位数进行分组，银企关系数值高于中位数的企业为高银企关联（或存在银企关联）组，银企关系数值低于中位数的企业为低银

企关联（或无银企关联）组，分别进行回归检验，检验结果见表 6-21。结果显示，当企业和银行之间的关联程度较低时，财务弹性和并购支付方式的回归系数为 1.302，在 1%的水平下显著，而当企业和银行之间的关联程度较高时，财务弹性和并购支付方式的系数减小为 0.951，显著性水平也降为 10%，这验证了假设 H2。

表 6-21　银企关系（*BC2*）稳健性检验

变量	(1) 银企关联低	(2) 银企关联高
FFI	1.302*** (3.28)	0.951* (1.69)
SIZE	1.069*** (6.54)	1.502*** (7.34)
LOSS	0.241 (0.43)	-0.800* (-1.94)
TQ	0.032 (0.31)	-0.049 (-0.45)
REP	-1.623*** (-14.04)	-2.035*** (-13.78)
CFO	1.749 (1.14)	-0.653 (-0.36)
GROWTH	-0.735*** (-3.71)	-0.158 (-0.66)
ROA	0.274 (0.23)	2.905*** (2.59)
TYPE	1.806*** (5.12)	2.119*** (5.44)
GL	-1.474* (-1.70)	-1.183 (-1.04)
FIRST	-0.161 (-0.20)	0.854 (0.93)
STATE	0.511* (1.79)	0.840*** (2.74)
Industry	*control*	*control*
Year	*control*	*control*

续表

变量	(1) 银企关联低	(2) 银企关联高
Constant	8.176*** (2.81)	7.945** (2.47)
Observations	1929	1935
Wald chi2	692.58	726.98
Pseudo R^2	0.564	0.607

其次，对于高管的银行背景，我们重新限定高管的范围，如果董事、监事、总裁、总经理及财务负责人曾经或现在在银行机构任职，则认为高管具有银行从业背景，即企业与银行之间存在关联关系，*BC*1 取值为 1，否则认为不存在关联关系，*BC*1 为 0，并对财务弹性和并购支付方式二者的关系进行重新检验，实证结果见表 6-22。结果显示，当企业与银行之间无关联关系时，财务弹性与并购支付方式的回归系数为 1.183，显著性水平为 1%，而当企业与银行之间存在关联关系时，财务弹性与并购支付方式的回归系数减小为 0.858，且不再显著，这也验证了假设 H2。

表 6-22　银企关系（*BC*1）重新度量检验

变量	(1) 无银企关联	(2) 有银企关联
FFI	1.183*** (3.22)	0.858 (1.15)
SIZE	1.163*** (7.99)	1.365*** (6.70)
LOSS	-0.602* (-1.92)	-0.363 (-0.55)
TQ	0.060 (0.76)	-0.165 (-1.26)
REP	-1.776*** (-15.24)	-1.717*** (-8.91)

续表

变量	(1) 无银企关联	(2) 有银企关联
CFO	-0.315 (-0.24)	3.977** (2.03)
GROWTH	-0.401** (-2.28)	-0.584** (-2.29)
ROA	1.556* (1.67)	1.426 (0.96)
TYPE	1.650*** (6.60)	2.645*** (4.39)
GL	-1.128 (-1.51)	-1.354 (-1.05)
FIRST	0.127 (0.18)	1.292 (1.08)
STATE	0.579** (2.44)	0.998** (2.45)
Industry	*control*	*control*
Year	*control*	*control*
Constant	8.877*** (3.87)	5.446 (1.25)
Observations	2847	986
Wald chi2	338.47	145.98
Pseudo R^2	0.572	0.567

6.2.4 小结

并购支付方式作为并购交易的重要环节，直接关系到并购成本的高低和交易成败。本节以2007—2015年我国沪深上市公司为研究样本，探究银企关联和财务弹性对企业并购支付方式的影响效应，得出以下主要结论：

第一，企业储备的财务弹性水平越高，并购时越倾向于采用现金支付方式。相对于国有企业而言，非国有企业的财务弹性对并购支付方式的正向作用更显著。

第二，当企业与银行之间存在关联关系时，财务弹性对现金支付方式的正向作用减弱。

上述发现说明，财务弹性储备水平会直接影响企业的并购支付方式，财务弹性水平越高，选择现金支付方式的倾向越大。同时，银企关联可以降低现金支付对财务弹性的依赖程度，该发现为理解银企关联和财务弹性对并购支付方式的作用机理提供了新的经验证据。

第 7 章　结论与建议

本章主要针对前述理论部分和实证检验部分进行系统归纳和总结，并以此为基础提出相应的政策建议，最后指出不足之处和未来的研究方向。

7.1　研究结论

本书在我国资本市场不完善，企业普遍面临融资约束的背景下，以财务弹性为核心，对其影响因素和经济后果展开研究。在影响因素方面，通过梳理国内外相关文献，发现现有学者们主要关注企业外部环境和内部特征对财务弹性的影响，而忽略了连接内部和外部的关系因素。基于此，我们从社会资本视角，以银企关联为切入点，实证检验银企关联关系对财务弹性水平的影响，以探究外部制度下的银企关联对企业财务弹性储备决策的影响机理。在经济后果方面，围绕企业内部和外部两条成长路径进行研究，内部成长方式以研发活动为研究对象，从研发投资意愿和投资力度两个维度，实证检验财务弹性的内部成长效应；外部成长方式以并购活动为研究对象，从并购决策和并购支付方式两个角度，验证财务弹性的外部成长效应。

本书以 2007—2015 年中国沪深上市公司为研究对象，对上述重点问题进行理论和实证检验，并得出如下主要结论：

第一，银企关联对财务弹性的影响。以高管银行背景衡量企业与银行之间是否存在关联，实证检验发现，银企关联与企业的财务弹性水平呈负相关关系，即当企业与银行之间存在关联关系时，企业权衡资金储备成本和筹资风险，会倾向于储备较低的财务弹性水平；而当企业与银行之间无关联关系时，则会储备较高的财务弹性水平。结合我国特殊的产权制度背景，研究发现相对于国有企业而言，非国有企业的银企关联对财务弹性的负向作用更显著。区分外部融资约束和未来投资机会之后进一步研究发现，当上市企业面临较严重的融资约束和较好的投资机会时，银企关联对财务弹性的负向作用更显著。上述研究结论说明，银企关联是影响企业财务弹性水平的一个重要因素，企业的财务弹性储备决策会依据与银行之间的关联关系进行相机抉择，当企业与银行之间存在关联关系时，企业会选择储备较低的财务弹性水平；反之，则会选择储备较高的财务弹性水平。同时，这种影响效应会因产权性质、外部融资条件以及未来投资机会的变化而有显著差异。该发现拓宽了财务弹性影响因素的研究视角，也为企业社会资本会影响财务决策提供了新的经验证据。

第二，银企关联和财务弹性对企业内部成长方式——研发投资活动的影响。从研发投资意愿和投资力度两个维度衡量上市企业的研发创新意识和实际投入水平，研究发现，财务弹性水平越高的企业，其研发投资意愿越强，投资力度也越大。结合银企关联，进一步研究发现，当企业与银行之间存在关联关系时，财务弹性对研发投资的正向作用减弱。上述发现说明财务弹性储备水平会直接影响企业的研发创新活动，较高的财务弹性水平有利于缓减研发融资约束。同时，银企关联可以降低研发投资对财务弹性的依赖程度，企业在进行研发资金重构时，银企关联和财务弹性储备水平之间存在一种替代作用，当企业与银行之间存在关联关系时，企业更多地借助于银行资源来筹集所需资金；而当企业与银行之间无关联关系时，企业则主要通过储备较高的财务弹性水平来获得资金重构，该发现为理解银企关联、财务弹性对研发投资的作用机理提供了经验证据。此外，我们对财务弹性与研发投资的关系，区分产权性质、环境不确定性及不同货币政策，进行分样本检验，发现非国有企业的财务弹性对研发投资的正向作用更显著；外部环境不确定性越大或宏观货币政策紧缩时，财务弹性对研发投资的正向作用越明显，这体现了财务弹性发挥创新效应的产权特性和经济环境特性。

第三，银企关联和财务弹性对企业外部成长方式——并购活动的影响。从并购决策和支付方式两个角度实证检验，结果发现财务弹性水平越高的企业，实施并购的动机越强，并购的频次更高，并购时越倾向于采用现金支付方式。结合银企关联，进一步研究发现，当企业与银行之间存在关联关系时，上述关系减弱。这说明财务弹性储备水平会直接影响企业的并购投资活动，较高的财务弹性水平有利于缓减并购融资约束。同时，银企关联可以降低并购投资对财务弹性的依赖程度，企业在进行并购资金重构时，银企关联和财务弹性储备水平之间存在一种替代作用，当企业与银行之间存在关联关系时，企业更多地借助于银行资源来筹集所需资金；而当企业与银行之间无关联关系时，企业则主要通过储备较高的财务弹性水平来获得资金重构，该发现为理解银企关联、财务弹性对并购投资的作用机理提供了经验证据。此外，我们对财务弹性与并购投资的关系，区分产权性质、环境不确定性及不同货币政策，进行分样本检验，发现非国有企业的财务弹性对并购决策及支付方式的正向作用更显著；外部环境不确定性越大或宏观货币政策趋紧时，财务弹性对并购决策的正向作用越明显。

总之，当前在我国经济转轨时期，资本市场发展不完善，相关法律法规不健全，企业的成长不可避免地受到资金约束的影响，合理的财务弹性储备，能够有效地缓减企业内外成长过程中的融资“瓶颈”，但财务弹性具有双面性，过高的财务弹性水平又会增加企业的资金储备成本。银企关联作为企业的一种社会资本，可以弥补市场机制的缺陷和不足，有助于企业获取稀缺的财务资源。因此，企业在进行筹资决策时，要权衡筹资风险和资金储备成本，将财务弹性与银企关联进行有机结合，财务弹性储备决策要依据与银行之间的关联关系进行相机抉择，从而及时有效地获得资金重构，使企业实现健康、快速、持续的发展。

7.2　政策建议

（1）依据与银行之间的关联关系，做出合理的财务弹性储备决策

经济与科技的快速发展，使企业的外部经营环境日益复杂，市场环境瞬息万变，不确定性成为当今企业经营环境的最基本特征之一。为了应对日益增长的环境不确定性，越来越多的企业开始实施弹性战略管理。本书的研究结论表明，合理的财务弹性储备能够有效地避免研发创新和并购交易的融资“瓶颈”，从而使企业实现内部可持续发展和对外战略扩张。当前在我国经济转型时期，资本市场发展不完善，相关法律制度不健全，大多数企业特别是民营企业面临严重的融资约束和信贷歧视，这要求我国上市企业要全面正确地认识和理解财务弹性，做出科学、合理的储备策略，以应对不利冲击和把握有利的投资机会。

非正式制度下的银企关联作为企业的一种社会资本形式，可以减少银行与企业之间的信息不对称，增强企业的外部融资能力。面对未来的不确定性及外部融资约束，首先，上市企业要努力和银行之间建立良好的关系，以弥补市场机制的缺陷和不足，发挥银行关系资本帮助企业获取稀缺财务资源的功效。其次，企业在进行筹资决策时，要权衡筹资风险和资金储备成本，将财务弹性与银企关联进行有机结合，财务弹性储备决策要依据与银行之间的关联关系进行相机抉择，当未来投资机会或财务困境出现时，可以充分地利用银行资源或预先储备的财务弹性，及时获得资金重构，满足企业成长的需求。

（2）完善资本市场的建设，拓宽企业的融资渠道

企业储备财务弹性的行为以及财务弹性对企业成长的促进作用，在很大程度上取决于资本市场的完善程度。因此，政府应该加快金融体制的改革步伐，出台有效的政策措施，完善资本市场的建设，从而拓宽企业的融资渠道。具体地，国家可以尽快出台相关法律制度，鼓励建立信用评级体系，破除不合理的信贷评价格局，以拓宽债务融资渠道。同时，要不断完

善股票市场的建设，引导企业建立合理的利润分配制度，落实半强制分红政策，培育以新三板和区域股权市场为代表的多层次资本市场，从而拓宽股权融资渠道。这样既可以使企业在财务政策的选择上具有更大的灵活性，也可以使企业储备的财务弹性发挥更大的作用。特别地，针对非国有企业成长过程中的融资困境，要加大政策支持力度，鼓励其发债、上市进行直接融资，减小对间接融资的依赖，从而降低企业的综合融资成本。此外，国家在制定经济政策时，应尽可能保持产业、金融等宏观政策的连贯性和前瞻性，以缓解政策的不确定性给企业带来的融资约束。

（3）建立市场化的银企关系，发挥银行关系融资的正向效应

银企关系是企业与银行之间形成的一种关系资本，其发挥的经济功效具有双面性，一方面，这种关系可以减少交易双方的信息不对称，降低融资成本，使企业获得更多的贷款资金；另一方面，也会降低银行对企业贷款资金的监督功能，为企业经理人滥用资金提供内部资源和外部环境，从而增加委托代理成本，降低企业的价值。因此，政府就银行与企业之间的关系，要进行正确引导，建立公平合理和市场化的银企关系，发挥银行关系资本对企业融资的正向效应。在市场经济条件下，银行与企业是双向选择、互利有偿的信用关系，银行要不断强化服务，降低贷款门槛，减少办贷环节，拓展信贷有效投入市场；企业要增强自律意识，恪守信用，认真履约，通过对信贷资本的供需行为来满足各自的经营需求，最终实现银企双赢目标。

7.3 研究不足

本书从社会资本视角，以银企关联作为切入点，就财务弹性的影响因素及其在企业成长方面的经济效应进行了深入探讨和研究，获得一些有益的结论和启示，但在样本筛选、代理变量选择及克服内生性等方面存在一些不足。

（1）变量度量方面

关于财务弹性的度量，我们参考现有学者们的主流做法，采用现金弹

性和负债弹性结合法度量企业的整体财务弹性，并以行业中位数和年度中位数法下定义的财务弹性虚拟变量，进行稳健性检验。尽管依据我国资本市场的实际情况，我国上市企业大都不具有权益弹性，但是我们只考虑现金弹性和负债弹性两个方面，而排除了权益弹性的作用，因而造成企业整体财务弹性的度量不够全面。随着我国资本市场的不断发展，股权融资的市场化环境逐渐形成，在获取财务弹性方面，企业将拥有更多的自主权，未来权益弹性的度量问题亟待解决。

关于银企关联的度量，由于银企关系不能准确地描述，只能使用代理变量进行度量，本书的研究中，以高管的银行从业背景来衡量是否存在关联关系，并以银行债务比例进行稳健性检验。虽然本书选择的代理变量得到大多数研究的认可和支持，但也存在度量不够准确的问题，有待在后续研究中加以改进。

（2）样本选择方面存在局限性

本书以上市公司作为研究样本可能存在一定的问题。相对于深沪两市的上市公司，非上市公司在成长过程中面对的融资约束问题更为严重，公司治理也更加不规范，它们的资金重构能力可能更弱。因此，完全以上市公司作为研究的样本，不能完全代表特定环境下的所有公司，非上市公司成长过程中的财务弹性储备问题也将成为未来的研究方向。

（3）内生性问题

本书研究银企关联和财务弹性对企业成长的影响，实际上，企业的研发创新或并购投资机会的出现，也可能会促使企业储备较高的财务弹性水平或者努力与银行建立某种联系，以满足企业内外成长过程中的资金需求，这种相互影响的关系导致实证研究中存在内生性问题。内生性是会计实证研究中的“顽疾”，如何克服内生性的影响，使研究结论更可靠，也是本书面临的难题。尽管我们在设定模型中，使用了滞后一期的财务弹性作为主要解释变量，在稳健性测试中，以滞后期、面板效应模型及动态面板 GMM 估计等方法，试图控制内生性问题，但不可否认，内生性仍然是影响结论合理性的重要因素。

7.4 未来研究方向

财务弹性理论作为财务理论中的一个重要分支，其内容和核心理念正在被学者们不断丰富和深化。特别是随着经济全球化进程的加快和科学技术的迅猛发展，企业所面临的外部环境充满巨大的不确定性，对财务弹性理论和实践运用问题的研究有极其重要的意义。本书将银企关联和财务弹性纳入同一框架，研究对企业成长的影响效应，在一定程度上丰富了财务弹性影响因素和经济后果的相关理论内容，同时，也为该领域的未来研究提供了新的视角和方向。

第一，本书通过对财务弹性影响因素的相关文献进行梳理和总结，从社会资本视角，以银企关联作为切入点，对企业财务弹性储备水平的影响进行了研究。但银企关联只是企业社会资本的一种形式，而企业社会资本是一个集合概念，包括政企关系资本、银企关系资本、商业信用资本、社区关系资本、员工关系资本等多种形式，那么其他社会资本形式如政企关系、商业信用等是否也会影响企业的财务弹性水平，以及这些社会资本形式之间是否存在联系，并相互影响呢？这也为今后研究财务弹性影响因素及相关课题提供了新视角。

第二，关于银企关联和财务弹性对企业成长的影响效应，本书主要基于企业实现成长的内外两种路径，重点围绕研发创新和并购投资活动进行了深入研究。研发和并购投资属于企业战略投资范畴，对企业的长远发展具有战略意义，因此，本书的研究有其必要性和重要意义。但本书未从实证角度进一步验证研发和并购战略投资对企业成长绩效的具体影响，以及当企业的关系资本和财务弹性储备水平不同时，其影响又有何差异？这些既是本书研究的不足之处，但也为财务弹性经济后果及相关领域的研究提供了方向。

参考文献

［1］白俊，连立帅．信贷资金配置差异：所有制歧视抑或禀赋差异？［J］．管理世界，2012（6）：30-42.

［2］边燕杰，丘海雄．企业的社会资本及其功效［J］．中国社会科学，2000（2）：87-92.

［3］陈栋，陈运森．银行股权关联、货币政策变更与上市公司现金管理［J］．金融研究，2012（12）：122-136.

［4］陈红兵，连玉君．财务弹性对企业投资水平和投资效率的影响［J］．经济管理，2013（10）：109-118.

［5］陈爽英，井润田，龙小宁，邵云飞．民营企业家社会关系资本对研发投资决策影响的实证研究［J］．管理世界，2010（1）：88-97.

［6］陈岩．中国上市公司并购支付方式影响因素的实证研究［D］．济南：山东大学，2007.

［7］程六兵，刘峰．银行监管与信贷歧视——从会计稳健性的视角［J］．会计研究，2013（1）：28-34.

［8］程小可，杨程程，姚立杰．内部控制、银企关联与融资约束——来自中国上市公司的经验证据［J］．审计研究，2013（5）：80-86.

［9］戴跃强，达庆利．企业技术创新投资与其资本结构、规模之间关系的实证研究［J］．科研管理，2007（3）：38-42.

［10］邓建平，曾勇．金融生态环境、银行关联与债务融资——基于我国民营企业的实证研究［J］．会计研究，2011（12）：33-40.

［11］邓康林，刘名旭．环境不确定性、财务柔性与上市公司现金股

利［J］. 财经科学，2013（2）：46-55.

［12］董理，茅宁. 公司成熟度、剩余负债能力与现金股利政策——基于财务柔性视角的实证研究［J］. 财经研究，2013（11）：59-68.

［13］杜颖洁，杜兴强. 银企关系、政治联系与银行借款——基于中国民营上市公司的经验证据［J］. 当代财经，2013（2）：108-118.

［14］冯根福，温军. 中国上市公司治理与企业技术创新关系的实证分析［J］. 中国工业经济，2008（7）：91-101.

［15］葛家澍，占美松. 企业财务报告分析必须着重关注的几个财务信息——流动性、财务适应性、预期现金净流入、盈利能力和市场风险［J］. 会计研究，2008（5）：3-9.

［16］葛伟杰，张秋生，张自巧. 支付方式、融资约束与并购溢价研究［J］. 证券市场导报，2014（1）：40-47.

［17］顾乃康，万小勇，陈辉. 财务弹性与企业投资的关系研究［J］. 管理评论，2011（6）：115-121.

［18］桂峰. 不完全竞争产品市场中债务的战略效应研究［M］. 北京：中国财政经济出版社，2006.

［19］郭旭东. 不同金融市场条件杠杆收购模式的研究［D］. 天津：天津大学，2009.

［20］韩鹏，唐家海. 融资约束、现金持有与研发平滑［J］. 财经问题研究，2012（10）：86-91.

［21］贺勇，刘冬荣. 融资约束、企业集团内部资金支持与 R&D 投入——来自民营高科技上市公司的经验证据［J］. 科学学研究，2011（11）：1685-1695.

［22］胡国柳，刘宝劲，马庆仁. 上市公司股权结构与现金持有水平关系的实证分析［J］. 财经理论与实践，2006（4）：39-44.

［23］黄永华. 金融危机、财务弹性与企业资本结构调整——来自中国上市公司的证据［J］. 中央财经大学学报，2014（8）：53-59.

［24］江龙，刘笑松. 经济周期波动与上市公司现金持有行为研究

[J]. 会计研究，2011 (9)：47-55.

[25] 姜英兵，于彬彬. 股权分置改革影响控股股东的现金次优偏好吗？[J]. 会计研究，2013 (4)：58-96.

[26] 姜英兵. 上市公司财务灵活性分析 [J]. 经济管理，2004 (10)：62-68.

[27] 解维敏，方红星. 金融发展、融资约束与企业研发投入 [J]. 金融研究，2011 (5)：171-183.

[28] 谢维敏，唐清泉，陆姗姗. 政府 R&D 资助、企业 R&D 支出与自主创新 [J]. 金融研究，2009 (6)：86-99.

[29] 康志勇. 融资约束、政府支持与中国本土企业研发投入 [J]. 南开管理评论，2013 (5)：61-70.

[30] 李丹蒙，夏立军. 股权性质、制度环境与上市公司 R&D 强度 [J]. 财经研究，2008 (4)：93-104.

[31] 李井林，刘淑莲，韩雪. 融资约束、支付方式与并购绩效 [J]. 山西财经大学学报，2014 (8)：114-124.

[32] 李善民，陈涛. 并购支付方式选择的影响因素研究 [C]. 第四届 (2009) 中国管理学年会——金融分会场论文集，2009.

[33] 李增泉，余谦，王晓坤. 掏空、支持与并购重组 [J]. 经济研究，2005 (1)：95-105.

[34] 廖理，肖作平. 公司治理影响公司现金持有量吗——来自中国上市公司的经验证据 [J]. 中国工业经济，2009 (6)：98-107.

[35] 林毅夫，李志赟. 政策性负担、道德风险与预算软约束 [J]. 经济研究，2004 (2)：17-27.

[36] 刘名旭，向显湖. 环境不确定性、企业特征与财务柔性 [J]. 宏观经济研究，2014 (4)：127-134.

[37] 刘林平. 企业的社会资本：概念反思和测量途径 [J]. 社会学研究，2006 (2)：204-216.

[38] 刘婷，郭丽虹. 银行授信、财务弹性与过度投资 [J]. 国际金融

研究，2015（6）：53-64.

［39］刘锡良．上市公司并购融资安排的理论研究［R］．上证联合研究计划第七期课题报告，2003.

［40］刘笑霞，李明辉．企业研发投入的影响因素——基于我国制造企业调查数据的研究［J］．科学学与科学技术管理，2009（3）：17-23.

［41］刘运国，刘雯．我国上市公司的高管任期与R&D支出［J］．管理世界，2007（1）：128-136.

［42］卢馨，郑阳飞，李建明．融资约束对企业R&D投资的影响研究——来自中国高新技术上市公司的经验证据［J］．会计研究，2013（5）：51-58.

［43］卢永艳．宏观经济因素对企业财务困境风险影响的实证分析［J］．宏观经济研究，2013（5）：53-58.

［44］鲁丹，肖华荣．银行市场竞争结构、信息生产和中小企业融资［J］．金融研究，2008（5）：107-113.

［45］鲁桐，党印．公司治理与技术创新：分行业比较［J］．经济研究，2014（6）：115-128.

［46］陆正飞，杨德明．商业信用：替代性融资，还是买方市场?［J］.管理世界，2011（4）：6-14.

［47］刘胜强，林志军，孙芳城，等．融资约束、代理成本对企业R&D投资的影响——基于我国上市公司的经验证据［J］．会计研究，2015（11）：62-68.

［48］刘淑莲，张广宝，耿琳．并购对价方式选择：公司特征与宏观经济冲击［J］．审计与经济研究，2012（4）：55-65.

［49］马春爱．中国上市公司的非效率投资研究：一个财务弹性的视角［J］．财贸研究，2011（2）：144-148.

［50］潘红波，夏新平，余明桂．政府干预、政治关联与地方国有企业并购［J］．经济研究，2008（4）：41-53.

［51］强莹．西方企业并购的主要支付方式比较［J］．外国经济与管

理，1998（4）：32-35.

［52］裘丽，张建平．周期性行业的企业杠杆特征——基于中国A股上市公司的经验研究［J］．当代财经，2016（4）：61-71.

［53］饶品贵，姜国华．货币政策波动、银行信贷与会计稳健性［J］．金融研究，2011（3）：51-71.

［54］沈强，郑明川．上市公司并购融资工具国际比较研究［R］．上证联合研究计划第七期课题报告，2003.

［55］史红燕．企业并购的支付方式述评［J］．财经问题研究，2003（4）：88-92.

［56］宋常，刘笑松，黄蕾．中国上市公司高额现金持有行为溯因：融资约束理论抑或委托代理理论［J］．当代财经，2012（2）：121-128.

［57］苏文兵，李心合，李运．公司控制权、信息不对称与并购支付方式［J］．财经论丛，2009（5）：67-73.

［58］苏文兵，李心合，徐东辉，等．经理自主权与R&D投入的相关性检验——来自中国证券市场的经验证据［J］．研究与发展管理，2010（4）：30-38.

［59］孙海鸣，刘乃全．企业战略理论发展及其重心演变［J］．财经研究，2001（2）：10-15.

［60］孙世攀，赵息，李胜楠．股权控制、债务容量与支付方式——来自我国企业并购的证据［J］．会计研究，2013（4）：52-57.

［61］孙晓华，王昀，郑辉．R&D影响全要素生产率的行业异质性——来自中国制造业的经验证据［J］．管理工程学报，2014（3）：33-41.

［62］孙杨，许承明，夏锐．研发资金投入渠道的差异对科技创新的影响分析——基于偏最小二乘法的实证研究［J］．金融研究，2009（9）：165-174.

［63］唐建新，卢剑龙，余明桂．银行关系、政治联系与民营企业贷款——来自中国民营上市公司的经验证据［J］．经济评论，2011（3）：51-58.

［64］唐清泉，徐欣．企业 R&D 投资与内部资金——来自中国上市公司的研究［J］．中国会计评论，2010（3）：341-362.

［65］万良勇，饶静．不确定性、金融危机冲击与现金持有价值［J］．经济与管理研究，2013（5）：63-71.

［66］汪金祥，吴育辉，吴世农．我国上市公司零负债行为研究：融资约束还是财务弹性？［J］．管理评论，2016（6）：32-41.

［67］温军，冯根福，刘志勇．异质债务、企业规模与 R&D 投入［J］．金融研究，2011（1）：167-181.

［68］吴军，白云霞．我国银行制度的变迁与国有企业预算约束的硬化——来自 1999—2007 年国有上市公司的证据［J］．金融研究，2009（10）：179-192.

［69］吴淑娥，仲伟周，卫剑波，等．融资来源、现金持有与研发平滑——来自我国生物医药制造业的检验证据［J］．经济学（季刊），2016（1）：746-765.

［70］肖海莲，唐清泉，周美华．负债对企业创新投资模式的影响——基于 R&D 异质性的实证研究［J］．科研管理，2014（10）：77-85.

［71］谢家智，刘思亚，李后建．政治关联、融资约束与企业研发投入［J］．财经研究，2014（8）：81-93.

［72］夏芸，唐清泉．我国高科技企业的股权激励与研发支出分析［J］．证券市场导报，2008（10）：29-34.

［73］杨兴全，孙杰．企业现金持有量影响因素的实证研究——来自我国上市公司的经验证据［J］．南开管理评论，2007（6）：47-54.

［74］杨志海，赵立彬．融资约束、支付方式与并购绩效的关系研究［J］．证券市场导报，2012（5）：36-40.

［75］袁东任，汪炜．信息披露、现金持有与研发投入［J］．山西财经大学学报，2015（1）：81-91.

［76］翟胜宝，易旱琴，郑洁，等．银企关系与企业投资效率——基于我国民营上市公司的经验证据［J］．会计研究，2014（4）：74-80.

[77] 曾爱民，傅元略，梁丽珍．为什么企业偏好保守资本结构？——一个支持财务柔性理论的经验证据 [J]. 商业经济与管理，2013 (6)：48-59.

[78] 曾爱民，傅元略，魏志华．金融危机冲击、财务柔性储备和企业融资行为——来自中国上市公司的经验证据 [J]. 金融研究，2011 (10)：155-169.

[79] 曾爱民，魏志华．融资约束、财务柔性与企业投资—现金流敏感性——理论分析及来自中国上市公司的经验证据 [J]. 财经研究，2013 (11)：49-59.

[80] 曾爱民，张纯，魏志华．金融危机冲击、财务柔性储备与企业投资行为——来自中国上市公司的经验证据 [J]. 管理世界，2013 (4)：107-120.

[81] 曾萍，邬绮虹．女性高管参与对企业技术创新的影响——基于创业板企业的实证研究 [J]. 科学学研究，2012 (5)：773-781.

[82] 张芳芳，刘淑莲．现金持有、并购决策与并购绩效 [J]. 山西财经大学学报，2015 (4)：103-114.

[83] 张其仔．社会网与基层经济生活 [J]. 社会学研究，1999 (3)：25-34.

[84] 赵华，张鼎祖．企业财务柔性的本原属性研究 [J]. 会计研究，2010 (6)：62-69.

[85] 赵立彬．融资能力、企业并购与经济后果 [D]. 北京：北京交通大学，2013.

[86] 赵湘莲，韩玉启．高新技术企业财务管理柔性研究 [J]. 中国管理科学，2004 (4)：74-79.

[87] 朱大鹏，孙兰兰．融资约束、市场环境与企业 R&D 投资——基于医药生物行业上市公司实证研究 [J]. 科技管理研究，2015 (22)：98-102.

[88] 朱武祥，陈寒梅．产品市场竞争与财务保守行为：以燕京啤酒

为例的分析［J］. 经济研究，2002（8）：28-36.

［89］祝继高，陆正飞．货币政策、企业成长与现金持有水平变化［J］. 管理世界，2009（3）：152-158.

［90］Acemoglu D，Johnson S，Mitton T. Determinants of Vertical Integration：Financial Development and Contracting Costs［J］. The Journal of Finance，2009，64（3）：1251-1290.

［91］Adler P S，Kwon S W. Social Capital：Prospects for a New Concept［J］. Academy of Management Review，2002，27（1）：17-40.

［92］Agarwal R，Elston J A. Bank-firm Relationships，Financing and Firm Performance in Germany［J］. Economics Letters，2001，72（2）：225-232.

［93］Aghion P，Bond S，Klemm A，et al. Technology and Financial Structure：Are Innovative Firms Different?［J］. Journal of the European Economic Association，2004，2（2-3）：277-288.

［94］Aharony J，Lee C W J，Wong T J. Financial Packaging of IPO Firms in China［J］. Journal of Accounting Research，2000，38（1）：103-126.

［95］Aivazian V A，Ge Y，Qiu J. The Impact of Leverage on Firm Investment：Canadian Evidence［J］. Journal of Corporate Finance，2005，11（1）：277-291.

［96］Akerlof G. The Market for Lemons：Qualitative Uncertainlyand Market Mechanism［J］. Quarterly Journal of Economics，1970，84（3）：488-500.

［97］Almazan A，De Motta A，Titman S，et al. Financial Structure，Acquisition Opportunities，and Firm Locations［J］. The Journal of Finance，2010，65（2）：529-563.

［98］Almeida H，Campello M. Weisbach M S. The Cash Flow Sensitivity of Cash［J］. Journal of Financial Studies，2010，23（1）：247-269.

［99］Alshwer A，Sibilkov V，Zaiats N S. Financial Constraints and the Method of Payment in Mergers and Acquisitions［J］. Available at SSRN 1364455，2011.

[100] Amihud Y, Lev B, Travlos N G. Corporate Control and the Choice of Investment Financing: The Case of Corporate Acquisitions [J]. The Journal of Finance, 1990, 45 (2): 603-616.

[101] Andrew M. C, Klaus N. Social Capital and the Resource—Based View of the Firm [J]. Studies of Mgt & Org, 2009, 39 (2): 7-32.

[102] Arrow K. Economic Welfare and the Allocation of Resources for Invention [M]. Princeton: Princeton University Press, 1962: 609-626.

[103] Arslan O, Florackis C, Ozkan A. How and Why do Firms Establish Financial Flexibility [J]. Available at SSRN 1234682, 2008.

[104] Arslan-Ayaydin O., Florackis C., Ozkan A. Financial Flexibility, Corporate Investment and Performance, Evidence from Financial Crisis [J].Review of Quantitative Finance and Accounting, 2014, 42 (2): 211-250.

[105] Bah R, Dumontier P. R&D Intensity and Corporate Financial Policy: Some International Evidence [J]. Journal of Business Finance & Accounting, 2001, 28 (5-6): 671-692.

[106] Baker W. Market Networks and Corporate Behavior [J]. American Journal of Sociology, 1990, 96 (3): 589-625.

[107] Balakrishnan S, Fox I. Asset Specificity, Firm Heterogeneity and Capital Structure [J]. Strategic Management Journal, 1993, 14 (1): 3-16.

[108] Bancel F, Mittoo U R. Cross-country Determinants of Capital Structure Choice: a Survey of European Firms [J]. Financial Management, 2004, 33 (4): 103-132.

[109] Bates T W, Kahle K M, Stulz R M. Why do US Firms Hold so Much More Cash Than They Used to? [J]. The Journal of Finance, 2009, 64 (5): 1985—2021.

[110] Baum C F, Schäfer D, Talavera O. The Impact of the Financial System's Structure on Firms' Financial Constraints [J]. Journal of International Money and Finance, 2011, 30 (4): 678-691.

[111] Bebchuk L A, Kraakman R, Triantis G. Stock Pyramids, Cross-Ownership, and Dual Class Equity: the Mechanisms and Agency Costs of Separating Control from Cash-flow Rights [M]. Chicago: University of Chicago Press, 2000: 295-318.

[112] Becker-Blease J R. Governance and Innovation [J]. Journal of Corporate Finance, 2011, 17 (4): 947-958.

[113] Berlin M, Loeys J. Bond Covenants and Delegated Monitoring [J]. The Journal of Finance, 1988, 43 (2): 397-412.

[114] Bhagat S, Welch I. Corporate Research & Development Investments International Comparisons [J]. Journal of Accounting and Economics, 1995, 19 (2): 443-470.

[115] Bhamra H S, Kuehn L A, Strebulaev I A. The Aggregate Dynamics of Capital Structure and Macroeconomic Risk [J]. Review of Financial Studies, 2008, 23 (12): 4187-4241.

[116] Bharadwaj A, Shivdasani A. Valuation Effects of Bank Financing in Acquisitions [J]. Journal of Financial Economics, 2003, 67 (1): 113-148.

[117] Booth J R, Deli D N. On Executives of Financial Institutions as Outside Directors [J]. Journal of Corporate Finance, 1999, 5 (3): 227-250.

[118] Bourdieu P. The Forms of Capital [M]. Hoboken: Blackwell Publishers Ltd, 1986.

[119] Brav A, Graham J R, Harvey C R., et al. Payout Policy in the 21st Century [J]. Journal of Financial Economics, 2005, 77 (3): 483-527.

[120] Brick I E, Liao R C. The Determinants of Debt Maturity and Cash Holdings [J]. Rutgers Business School at Newark and New Brunswick, Rutgers University, 2013, 6 (18): 1-40.

[121] Brounen D, De Jong A, Koedijk K. Capital Structure Policies in Europe: Survey Evidence [J]. Journal of Banking & Finance, 2006, 30 (5): 1409-1442.

[122] Brown J R, Martinsson G, Petersen B C. Law, Stock Markets, and Innovation [J]. The Journal of Finance, 2013, 68 (4): 1517-1549.

[123] Brown J R, Petersen B C. Cash Holdings and R&D Smoothing [J]. Journal of Corporate Finance, 2011, 17 (3): 694-709.

[124] Burak Güner, A., U. Malmendier, G. Tate. Financial Expertise of Directors [J]. Journal of Financial Economics, 2008, 88 (2): 323-354.

[125] Burt R S. Structural Holes: the Social Structure of Competition [M]. Cambridge: Harvard University Press, 1993.

[126] Byoun S. Financial Flexibility and Capital Structure Decision [J]. Available at SSRN 1108850, 2011.

[127] Byoun S. How and When do Firms Adjust Their Capital Structures Towards Targets [J]. Journal of Finance, 2008, 63 (6): 3069-3096.

[128] Campello M, Graham J R, Harvey C R. The Real Effects of Financial Constraints: Evidence From a Financial Crisis [J]. Journal of Financial Economics, 2010, 97 (3): 470-487.

[129] Carpenter R E, Petersen B C. Capital Market Imperfections, High_ Tech Investment, and New Equity Financing [J]. The Economic Journal, 2002, 112 (477): F54-F72.

[130] Celikyurt U, Sevilir M, Shivdasani A. Going Public to Acquire? The Acquisition Motive in IPOs [J]. Journal of Financial Economics, 2010, 96 (3): 345-363.

[131] Chen Y R, Huang Y L, Chen C N. Financing Constraints, Ownership Control, and Cross_ Bonder M&As: Evidence from Nine East Asian Economies [J]. Corporate Governance: An International Review, 2009, 17 (6): 665-680.

[132] Chiao C. Relationship Between Debt, R&D and Physical Investment, Evidence from US Firm-level Data [J]. Applied Financial Economics, 2002, 12 (2): 105-121.

［133］ Ciamarra E S. Monitoring by Affiliated Bankers on Board of Directors: Evidence from Corporate Financing Outcomes ［J］. Financial Management, 2012, 41 (3): 665-702.

［134］ Coase R H. The Problem of Social Cost ［M］ //Classic Papers in Natural Resource Economics, Palgrave Macmillan UK, 1960: 1-13.

［135］ Coleman J S. Social Capital in the Creation of Human Capital ［J］. American Journal of Sociology, 1988 (94): S95-S120.

［136］ Cooper R W, Haltiwanger J C. On the Nature of Capital Adjustment Costs ［J］. The Review of Economic Studies, 2006, 73 (3): 611-633.

［137］ Czarnitzki D, Hottenrott H. R&D Investment and Financing Constraints of Small and Medium-sized Firms ［J］. Small Business Economics, 2011, 36 (1): 65-83.

［138］ Daniel N D, Denis D J, Naveen L. Dividends, Investment, and Financial Flexibility ［C］ //AFA 2009 San Francisco Meetings Paper, 2007.

［139］ DeAngelo H, DeAngelo L. Capital Structure, Payout Policy, and Financial Flexibility ［J］. Available at SSRN 916093, 2007.

［140］ Diamond D W. Financial Intermediation and Delegated Monitoring ［J］. Review of Economic Studies, 1984, 51 (3): 393-414.

［141］ Dittmann I, Maug E, Schneider C. Bankers on the Boards of German Firms: What They do, What They are Worth, and Why They are (still) There ［J］. Review of Finance, 2010, 14 (1): 35-71.

［142］ Dittmar A, Mahrt-Smith J, Servaes H. International Corporate Governance and Corporate Cash Holdings ［J］. Journal of Financial and Quantitative Analysis, 2003, 38 (1): 111-133.

［143］ Faccio M, Masulis R W. The Choice of Payment Method in European Mergers and Acquisitions ［J］. The Journal of Finance, 2005, 60 (3): 1345-1388.

［144］ Fama E. What's Different About Banks? ［J］. Journal of Monetary

Economics, 1985, 15 (1): 29-39.

[145] Fama E, Jensen M C. Agency Problem and Residual Clains [J]. Journal of Law and Economics, 1983, 26 (2): 327-349.

[146] Ferreira M A, Vilela A S. Why do Firms Hold Cash? Evidence from EMU Countries [J]. European Financial Management, 2004, 10 (2): 295-319.

[147] Firth M, X Lin, S M L Wong. Leverage and Investment under a State-owned Bank Lending Environment: Evidence from China [J]. Journal of Corporate Finance, 2008, 14 (5): 642-653.

[148] Fohlin C. Relationship Banking, Liquidity, and Investment in the German Industrialization [J]. The Journal of Finance, 1998, 53 (5): 1737-1758.

[149] Froot K A, Scharfstein D S, Stein J C. Risk Management: Coordinating Corporate Investment and Financing Policies [J]. The Journal of Finance, 1993, 48 (5): 1629-1658.

[150] Fukuyama F. Social Capital and the Global Economy [J]. Foreign Affairs, 1995, 74 (5): 1-3.

[151] Gamba A, Triantis A. The Value of Financial Flexibility [J]. The Journal of Finance, 2008, 63 (5): 2263-2296.

[152] Giuli A D. The Effect of Stock Misvaluation and Investment Opportunities on the Method of Payment in Mergers [J]. Journal of Corporate Finance, 2013, 21 (1): 196-215.

[153] Graham J R, Harvey C R. The Theory and Practice of Corporate Finance: Evidence from the Field [J]. Journal of Financial Economics, 2001, 60 (2): 187-243.

[154] Griliches Z. Productivity, R&D, and the Data Constraint [M]. Chicago University of Chicago Press, 1998: 347-374.

[155] Grullon G, Michaely R. Dividends, Share Repurchases, and

the Substitution Hypothesis [J]. The Journal of Finance, 2002, 57 (4): 1649-1684.

[156] Guay W, Harford J. The Cash-flow Permanence and Information Content of Dividend Increases Versus Repurchases [J]. Journal of Financial Economics, 2000, 57 (3): 385-415.

[157] Hansen R G. A Theory for the Choice of Exchange Medium in Mergers and Acquisitions [J]. Journal of Business, 1987, 60 (1): 75-95.

[158] Hardin III W G, Highfield M J, Hill M D, et al. The Determinants of REIT Cash Holdings [J]. The Journal of Real Estate Finance and Economics, 2009, 39 (1): 39-57.

[159] Harford J, Klasa S, Walcott N. Do Firms Have Leverage Targets? Evidence from Acquisitions [J]. Journal of Financial Economics, 2009, 93 (1): 1-14.

[160] Harford J. Corporate Cash Reserves and Acquisitions [J]. The Journal of Finance, 1999, 54 (6): 1969—1997.

[161] Harford J. What Drives Merger Waves? [J]. Journal of Financial Economics, 2005, 77 (3): 529-560.

[162] Hoshi T, Kashyap A, Scharfstein D. Corporate Structure, Liquidity, and Investment: Evidence from Japanese Industrial Groups [J]. The Quarterly Journal of Economics, 1991, 106 (1): 33-60.

[163] Jagannathan M, Stephens C P, Weisbach M S. Financial Flexibility and the Choice Between Dividends and Stock Repurchases [J]. Journal of Financial Economics, 2000, 57 (3): 355-384.

[164] Jensen M C, Meckling W H. Theory of the Firm: Managerial Behavior, Agency Costs and Ownership Structure [J]. Journal of Financial Economics, 1976, 3 (4): 305-360.

[165] Jensen M C. Agency Cost of Free Cash Flow, Corporate Finance, and Takeovers [J]. American Economic Review, 1986, 76 (2): 323-329.

[166] Jiangli W, Unal H, Yom C. Relationship Lending, Accounting Disclosure, and Credit Availability During the Asian Financial Crisis [J]. Journal of Money, Credit and Banking, 2008, 40 (1): 25-55.

[167] Kang S. Three Essays on the Strategic Effects of Debt on Firms' R&D Decisions [D]. Bloomingtan: Indiana University, 2004.

[168] Karampatsas N, Petmezas D, Travlos N G. Credit Ratings and the Choice of Payment Method in Mergers and Acquisitions [J]. Journal of Corporate Finance, 2014, 25 (2): 474-493.

[169] Killi A M, Rapp M S, Schmid T. Can Financial Flexibility Explain the Debt Conservatism Puzzle? Cross-Country Evidence from Listed Firms [J]. Available at SSRN 1814182, 2011.

[170] Kirschenmann K. Credit Rationing in Small Business Bank Relatiomship [J]. Available at SSRN 1785414, 2012.

[171] L Brandt, H Li. Bank Discrimination in Transition Economies: Ideology, Information, or Incentives? [J]. Social Science Electronic Publishing, 2002, 31 (3): 387-413.

[172] Lee S. Financial Determinants of Corporate R&D Investment in Korea [J]. Asian Economic Journal, 2012, 26 (2): 119-135.

[173] Li K, H Yue, L Zhao. Ownership, Institutions and Capital Structure: Evidence from China [J]. Journal of Comparative Economics, 2009, 37 (3): 471-490.

[174] Lie E. Financial Flexibility, Performance, and the Corporate Payout Choice [J]. Journal of Business, 2005, 78 (6): 2179-2202.

[175] Lin J Y, Tan G. Policy Burdens, Accountability, and the Soft Budget Constraint [J]. The American Economic Review, 1999, 89 (2): 426-431.

[176] Lins K V, Servacs H, Tufano P. What Drives Corporate Liquidity? An International Survey of Cash Holdings and Lines of Credit [J]. Journal of Fi-

nancial Economics, 2010, 98 (1): 160-176.

[177] Loury G. The Economics of Discrimination: Getting to the Core of the Problem [J]. Harvard Journal for African American Public Policy, 1992, 1 (1): 91-110.

[178] Lyandres E, Palazzo B. Strategic Cash Holdings and R&D Competition: Theory and Evidence [J]. Available at SSRN2017222, 2012.

[179] Marchica M T, Mura R. Financial Flexibility, Investment Ability, and Firm Value: Evidence from Firms with Spare Debt Capacity [J]. Financial Management, 2010, 39 (4): 1339-1365.

[180] Marshall A. Principles of Economics: An Introductory Volume [M].London: Macmillan and Co. , Ltd, 1920.

[181] Martin K J. The Method of Payment in Corporate Acquisitions, Investment Opportunities, and Management Ownership [J]. The Journal of Finance, 1996, 51 (4): 1227-1246.

[182] Martinsson G. Finance and R&D Investments—Is There A Debt Overhang Effect on R&D Investments? [R]. Working Paper, 2009.

[183] Martynova M, Renneboog L. What Determines the Financing Decision in Corporate Takeovers: Cost of Capital, Agency Problems, or the Means of Payment? [J]. Journal of Corporate Finance, 2009, 15 (3): 290-315.

[184] Mayer W J, Walker M M. An Empirical Analysis of the Choice of Payment Method in Corporate Acquisitions During 1980 to 1990 [J]. Quarterly Journal of Business and Economics, 1996, 35 (3): 48-65.

[185] Mayers S D. Determinants of Corporate Borrowing [J]. Journal of Financial Economics, 1977, 5 (2): 147-175.

[186] Menno P. Financing Constrains in Mergers and Acquisitions: Methods of Payment, Leverage Change and Firm Performance [D]. Netherland: University of Tilburg, 2011.

[187] Merton H. Miller and Franco Modigliani Dividend Policy, Growth,

and the Valuation of Shares Author [J]. The Journal of Business, 1961, 34 (4): 411-433.

[188] Mikkelson W H, Partch M M. Do Persistent Large Cash Reserves Hinder Performance? [J]. Journal of Financial and Quantitative Analysis, 2003, 38 (02): 275-294.

[189] Minton B, Wruck K H. Financial Policy, Investment Opportunities and the Demand for External Financing: Evidence from Low Debt Firms [J]. Ohio State University Working Paper, 2001.

[190] Modigliani F, Miller M H. The Cost of Capital, Corporation Finance and the Theory of Investment [J]. The American Economic Review, 1958, 48 (3): 261-297.

[191] Mohnen A, Bareket M. Performance Measurement for Investment Decisions under Capital Constraints [J]. Review of Accounting Studies, 2007, 12 (1): 1-22.

[192] Mohnen P, Palm F C, Van Der Loeff S S, et al. Financial Constraints and Other Obstacles: Are They a Threat to Innovation Activity? [J]. De Economist, 2008, 156 (2): 201-214.

[193] Morellec E, Zhdanov A. Financing and Takeovers [J]. Journal of Financial Economics, 2008, 87 (3): 556-581.

[194] Müller E, Zimmermann V. The Importance of Equity Finance for R&D Activity [J]. Small Business Economics, 2009, 33 (3): 303-318.

[195] Myers S C, Majluf N S. Corporate Financing and Investment Decision When Firms Have Information that Investors do not Have [J]. Journal of Financial Economics, 1984, 13 (2): 187-221.

[196] Nahapiet J, Ghoshal S. Social Capital, Intellectual Capital, and the Organizational Advantage [J]. Academy of Management Review, 1998, 23 (2): 242-266.

[197] Nini G, Smith D C, Sufi A. Creditor Control Rights and Firm Invest-

ment Policy [J]. Journal of Financial Economics, 2009, 92 (3): 400–420.

[198] Opler T, Pinkowitz L, Stulz R, Williamson, R. The Determinants of Implications of Corporate Cash Holdings [J]. Journal of Financial Economics, 1999, 52 (1): 3–46.

[199] Ostergaard P, Simpson M A, Connell F C, et al. Mutations in GATA2 Cause Primary Lymphedema Associated with a Predisposition to Acute Myeloid Leukemia (Emberger Syndrome) [J]. Nature Genetics, 2011, 43 (10): 929–931.

[200] Ozkan A, Ozkan N. Corporate Cash Holdings: An Empirical Investigation of UK Companies [J]. Journal of Banking & Finance, 2004, 28 (9): 2103–2134.

[201] P. Romer. Endogenous Technological Change [J]. Journal of Political Economy, 1990, 98 (5): 71–102.

[202] Pennar K, Mueller T. The Ties that Lead to Prosperity [J]. Business Week, 1997, 15 (1): 153–154.

[203] Penrose E T. The Theory of the Growth of the Firm [M]. Blackwell, 1959: 192–193.

[204] Pinkowitz L, Williamson R. Bank Power and Cash Holdings: Evidence from Japan [J]. Review of Financial Studies, 2001, 14 (4): 1059–1082.

[205] Porter M E. Competitive Advantage: Creating and Sustaining Superior Performance [M]. New York: Free Press, 1985.

[206] Portes A. Social Capital: Its Origins and Applications in Modern Sociology [J]. Annual Review of Sociology, 1998, 24 (1): 1–24.

[207] Putnam R D. Bowling Alone: America's Declining Social Capital [J]. Journal of Democracy, 1995, 6 (1): 65–78.

[208] Rapp M S, Schmid T, Urban D. The Value of Financial Flexibility and Corporate Financial Policy [J]. Journal of Corporate Finance, 2014, 29

(2): 288-302.

[209] Riddick, Whited. The Corporate Propensity to Save [J]. Journal of Finance, 2009, 64 (4): 1729-1766.

[210] Roll. The Hubris Hypothesis of Corporate Takeovers [J]. Journal of Business, 1986, 59 (2): 197-216.

[211] Romer P M. Endogenous Technological Change [J]. Journal of Political Economy, 1990, 98 (5): S71-S102.

[212] Scellato G, Ughetto E. The Basel II Reform and the Provision of Finance for R&D Activities in SMEs: An Analysis for a Sample of Italian Companies [J]. International Small Business Journal, 2010, 28 (1): 65-89.

[213] Schroth E, Szalay D. Cash Breeds Success: The Role of Financing Constraints in Patent Races [J]. Review of Finance, 2010, 14 (1): 73-118.

[214] Shen C H, Wang C A. Does Bank Relationship Matter for a Firm's Investment and Financial Constraints? The Case of Taiwan [J]. Pacific-Basin Finance Journal, 2005, 13 (2): 163-184.

[215] Singh M, Faircloth S, Nejadmalayeri A. Capital Market Impact of Product Marketing Strategy: Evidence from the Relationship Between Advertising Expenses and Cost of Capital [J]. Journal of the Academy of Marketing Science, 2005, 33 (4): 432-444.

[216] Soenen L. Cash Holding: A Mixed Blessing? [J]. AFP Exchange, 2003, 23 (5): 54-57.

[217] Swieringa J, Schauten M. The Payment Method Choice in Dutch Mergers and Acquisitions [J]. Social Science Electronic Publishing, 2007, 5 (2): 26-59.

[218] Uysal V B. Deviation from the Target Capital Structure and Acquisition Choices [J]. Journal of Financial Economics, 2011, 102 (3): 602-620.

[219] Williamson O E. The Economic Intstitutions of Capitalism [M].New York: Simon and Schuster, 1985.

[220] Xu B, Magnan M L, Andre P E. The Stock Market Valuation of R&D Information in Biotech Firms [J]. Contemporary Accounting Research, 2007, 24 (4): 1291-1318.

[221] Xu B. R&D Innovation and the Value of Cash in the Biotech Industry [J]. Journal of Business Research, 2009, 62 (7): 750-755.

[222] Zingales L. Survival of the Fittest or the Fattest? Exit and Financing in the Trucking Industry [J]. The Journal of Finance, 1998, 53 (3): 905-938.

[223] Zhang P. What Really Determines the Payment Methods in M&A Deals [J]. Available at SSRN284770, 2001.

重要术语索引表

后　记

时光荏苒，岁月飞逝，转眼间博士研究生的学习生涯已经接近了尾声，回想这四年来的点点滴滴，我的心中充满感激。能够进入中央财经大学会计学院求学深造，是我多年以来梦寐以求的愿望。借此学位论文成稿之际，我要感谢那些在这四载时光中给予我无私帮助和关爱的师长、同学、友和亲人。

首先，要感谢我的恩师祁怀锦教授，感谢他将我纳入师门，使我完成了从一个科学的门外汉向另一个科学的探索者的蜕变。在中央财经大学读书四载，恩师无论是在学业还是生活中都给予我所有尽可能的指导和关切。祁老师治学严谨、待人热忱，不仅在长期的教学科研工作中取得丰硕的成果，还非常重视与学生的交流与互动。在我的学位论文写作过程中，从论文的选题开始，到中期、预答辩、外审，一直到正式答辩，都得到了祁老师悉心的指导和耐心的帮助，让我深深感受到老师严谨的治学态度和高超的学术水平。在此向恩师致以深深的谢意，感谢恩师四年来对我的栽培！

其次，要感谢会计学院的廖冠民教授，在攻读博士学位期间廖老师亲切的关怀、耐心的指导使我终生难忘。此外，还要感谢会计学院的鲁桂华教授、袁淳教授、吴溪教授、刘俊勇教授、孟焰教授、李玲教授、李晓慧教授、卢闯教授、刘红霞教授、孙健老师和肖土胜老师等，诸位老师丰富的学识和严谨的作风让我获益良多。

我还要衷心感谢四年的同窗好友，他们是杨坤、建蕾、梁娟、张新玲、李任斯、李梓、周松、张静、张煊、张娟、杨育龙等同学。还要特别感谢我的同门师姐王铁媛和师妹马晓敏，感谢她们在我论文写作过程中提供的无私帮助。

最后，我要感谢我的家人，感谢我的母亲，她是天底下最可亲可敬的母亲，自我开始报考中央财经大学博士开始，就一直在精神上鼓励我，行动上支持我。还有我的公公和婆婆，他们默默关心并支持着我，让我更加安心的完成学业。特别是我的丈夫，一直以来对我的学业都是毫无怨言的支持，每当我遇到挫折时，都会及时地安慰我。来自亲人的关心和呵护，让我深切体会并感受到人间最伟大的爱，正是由于他们的理解与支持，使我坚定了继续求学的决心，并顺利完成学业。

四年的博士生活让我受益匪浅，专业知识有了很大的提升，更重要的是培养了良好的学术品质和严谨的科研态度。我非常珍惜在中央财经大学的学习机会，四年的学习生涯将成为我人生中最美好的记忆，也期望自己今后的生活能像博士生活时期一样精彩和乐观。

拙文付梓之际，再次感谢中央财经大学，感谢所有帮助过我的人！